# PARLER SEXE

ISRAËL NISAND
avec PAULINE DELASSUS

# PARLER SEXE

*Comment informer nos ados*

BERNARD GRASSET
PARIS

ISBN : 978-2-246-81795-6

# 1

Quand j'entre dans une salle de classe, je commence par me présenter. J'explique qui je suis, d'où je viens, ce que je fais. Mon statut de médecin n'est pas anodin. Il est même essentiel. Il me permet d'asseoir mon autorité et de bénéficier auprès des élèves d'une légitimité plus forte que celle de leurs professeurs habituels pour aborder le sujet de la sexualité. Ce respect que je gagne auprès d'eux rend possible d'entrer dans les détails, d'employer des termes crus, de discuter des tabous, des a priori, des angoisses de l'intime. Mon histoire et celle de ma famille expliquent en partie mon engagement, je ne peux les négliger. Je me dois même de les honorer.

Je suis né en Israël, dix jours après que mes parents y sont arrivés. Et ils m'ont appelé… Israël. Ils quittaient l'Europe, où toute une partie de la famille avait péri dans les fours crématoires, leurs parents notamment. Mon père avait été un grand résistant, dans un maquis du sud-ouest de la France. C'est sa judéité qui l'y avait poussé. Il voulait mourir les armes à la main, pas dans un camp nazi. Il a fini par combattre aux côtés de la 2e division blindée du général Leclerc. Ma mère, elle, a passé la guerre en Ardèche, cachée. Après cela, c'est à Strasbourg, leur ville natale, qu'ils se sont connus. Après la guerre, mon père fait des études de médecine. En 1950, il décroche son diplôme. Il achète des billets de bateau pour lui et sa femme, enceinte. Direction le port d'Haïfa, au bord de la Méditerranée. Ils n'ont que des idées roses sur la Terre promise. Mais ils vivent une première désillusion, à peine débarqués. Ce docteur français, si jeune, a-t-il vraiment le droit d'exercer ? Que vient-il faire ici, avec son épouse et un enfant à naître, alors que les Arabes ont déclaré la guerre ? Les Israéliens sont suspicieux. Mon père n'a que son idéalisme à leur opposer. Ils sont envoyés à la frontière jordanienne, mon père se retrouve médecin d'un ensemble de kibboutz, sans avoir jamais pratiqué auparavant. C'est là que je vois le jour. Je suis leur premier enfant.

Mes parents apprennent rapidement à parler hébreu, mon père devient officier de l'armée israélienne. Le pays souhaite se doter d'une banque du sang, mais il n'y a pas de médecin spécialisé en hématologie. Ils demandent à mon père de repartir se former en France pour qu'à son retour il en devienne le directeur. Il rentre à Strasbourg… avec femme et enfant, reprendre ses études. Un an plus tard, il téléphone en Israël. La situation a changé. Le pays est en guerre, la nourriture manque, le danger est partout. Et la direction de la banque du sang va finalement échoir à un médecin né en Israël. Seconde désillusion de la Terre promise : la discrimination exercée envers les juifs immigrés. Mon père en a été tellement blessé qu'il n'y est plus jamais retourné. Il m'a appelé Israël. Mais Israël Francis, pour marquer son attachement à la France. Nous sommes restés en Alsace. Dans cette région, l'école dispensait des cours de religion. Très tôt, j'ai été confronté à l'antisémitisme. Je vais en permanence quand les autres élèves assistent au catéchisme. Je me fais démolir par des camarades, parce qu'ils me savent juif. Mon père en est tellement ulcéré qu'il fait convoquer par le directeur les parents des élèves concernés, pour leur demander des excuses. Ce jour-là, mon père me propose de changer de prénom, de me faire appeler Francis. « Ça passera inaperçu », dit-il. Je refuse, ça me semblait impossible. Bien sûr, j'en bave. Mon prénom est difficile à porter. Aujourd'hui encore. Il suffit qu'il y ait des tensions au Moyen-Orient, notamment depuis le 7 octobre 2023, pour que l'on s'imagine que je suis d'accord avec tous les Netanyahu du monde. C'est absurde, d'autant que je n'adhère ni à l'extrême droite israélienne, ni à la politique du « grand Israël », ni à la religiosité, ni au pouvoir des rabbins sur l'État. Je ne pourrais pas vivre dans ce pays, même si j'en parle la langue. Je ne supporterais pas que l'on me dise avec qui je dois me marier ou d'être obligé d'aller à Chypre pour épouser une chrétienne. Je suis devenu profondément athée. Selon moi Dieu n'existe pas, c'est une vaste invention pour diriger les hommes. Vivre en théocratie me serait insupportable. Je ne supporte pas le communautarisme. J'ai toujours été de gauche. Ça a joué un rôle important dans ma vie et ma carrière. Mes prises de position sur l'IVG et la contraception m'ont souvent valu l'ire menaçante de l'extrême droite, qui est aussi intégriste qu'antisémite et dont certains militants ne se sont pas gênés pour taguer ma maison de croix gammées. C'était en 2012, à l'époque je me battais pour la gratuité et la confidentialité de la contraception pour les mineures. Ce qui a finalement été accepté.

À l'école, je suis un élève paresseux, jusqu'au moment où je réalise qu'il me faut être meilleur que les autres pour aller au-delà des remarques antisémites de mes copains de classe. Je me mets à travailler du jour au lendemain, tellement dur que mon père pense que je commence une schizophrénie ! L'objectif, c'est de m'échapper du lycée dès que possible. Je profite d'une réforme du baccalauréat pour le passer dès la classe de première. J'arrive en fac de médecine à 16 ans, perdu. Nous sommes en 1967. Mon père m'a enthousiasmé avec ses récits sur l'hématologie, il m'a fait lire sa thèse, il me parle beaucoup de son métier et je veux faire comme lui. Ma mère est devenue professeure de français, elle a eu quatre autres garçons après moi. Ma vocation féministe, je la tiens d'elle. Elle lit les livres de l'Américaine Kate Millett. Elle souffre en tant que femme, en raison du manque de contraception. Je perçois le désarroi de mes parents quand leur cinquième enfant s'annonce. Ma mère est désolée. C'est ce qui pousse mon père à devenir le premier vice-président du Planning familial quand celui-ci est créé par Pierre Simon, médecin précurseur en matière de contraception. Son appellation originelle est alors « La maternité heureuse ». La sexualité n'est encore, à cette époque, qu'un moyen de reproduction, en tout cas, pour les femmes. Mon père fait venir en catimini, à la maison, des généralistes pour les former au diaphragme, l'ancêtre du préservatif féminin, importé en douce d'Angleterre. Comme il est interdit en France par la loi du 1/8/1920, on prépare un buffet ces soirs-là, pour faire croire à une réunion entre amis dans le cas d'une dénonciation ou d'un contrôle policier. J'y assiste, je dois avoir 15 ans. Je garde en tête leur courage, à tous, pour la liberté des femmes.

Je pense être le fruit de ce féminisme mis en pratique clandestinement, d'une part ; d'autre part, le fruit de la Shoah et de cette volonté après la guerre de créer un monde nouveau. Je choisis la chirurgie par goût, après un stage au début de mon internat de médecine dans un service de chirurgie thoracique. Les internes y rendent visite aux patients sans être supervisés. Je fais la connaissance d'un jeune homme atteint d'un cancer de l'œsophage. Il se sait condamné. Moi je ne sais pas comment accompagner quelqu'un vers la mort, je suis démuni, mais je m'occupe de lui pendant six mois, nous devenons amis. C'est une expérience difficile qui me marque profondément. Je comprends que je n'ai pas l'envie ni la force d'accompagner de telles détresses toute ma vie. Je cherche une spécialité où l'on meurt moins. Il y a l'ophtalmologie, l'orthopédie et la gynécologie.

Un stage se libère dans cette dernière catégorie, ce qui fait très plaisir à mon père. Même si je la trouve chirurgicalement moins intéressante, je me laisse convaincre. Je rencontre une femme, ma future épouse, qui étudie pour devenir professeure de philosophie. Mes performances chirurgicales ne l'intéressent guère. Pour lui plaire, il faut que je trouve d'autres sujets. L'éthique est pour moi le moyen de la séduire. Mon chef, un grand chirurgien gynécologue, me demande de m'occuper de l'échographie dans son service. Nous sommes en 1975 et ce procédé n'existe quasiment pas. Les premières machines donnent des images très mauvaises et on ne découvre les malformations qu'à la naissance. Je fais ma carrière universitaire dans ce domaine, et deviens un pionnier du diagnostic prénatal en publiant les premières images de dépistage. Cela a attiré la visite de médecins du monde entier. Nous ne sommes qu'une dizaine dans les années 1970 à pratiquer cela, et créons la discipline qui deviendra une profession à part entière. La pertinence du diagnostic que nous obtenons aujourd'hui était inimaginable à l'époque. Alors que je suis encore interne à Strasbourg, un professeur d'embryologie, le doyen de la faculté, me demande de lui apporter du liquide folliculaire, recueilli au cours des chirurgies gynécologiques. Il veut en extraire des ovules pour essayer de les féconder in vitro par des spermatozoïdes. Mon chef en gynéco, très catholique, me l'interdit. Un an plus tard, en 1978, au Royaume-Uni, naît Louise Brown, premier « bébé éprouvette » conçu par fécondation in vitro. Il faut attendre la première naissance française, en 1982 à Clamart, dans le service de René Frydman, pour que j'obtienne enfin l'autorisation de travailler sur le sujet. En ce temps, il fallait faire une cœlioscopie sous anesthésie générale pour récupérer les ovules des femmes. Or mon chef avait la main sur le bloc opératoire et faisait tout pour m'en défendre l'accès. En cherchant un moyen de contourner cette difficulté, j'ai l'idée de prélever les ovocytes par voie vaginale, à l'aide d'une aiguille dans les ovaires, sous contrôle échographique. Je publie cette avancée technique dans *The Lancet*. Le patron, évidemment, signe l'étude à ma place... alors qu'il ne sait même pas allumer l'écran de l'appareil d'échographie... Peu importe. Cette nouvelle méthode fait grand bruit. Une centaine de « fivistes » me rendent visite à Strasbourg. J'obtiens les cinq premières grossesses au monde par cette technique innovante qui permet de se passer d'anesthésie générale, coûte bien moins cher à la Sécurité sociale, et surtout ne fait pas courir le risque d'une cœlioscopie. Le prélèvement ovocytaire par voie vaginale devient un jeu d'enfant et c'est aujourd'hui la technique qui est utilisée dans le monde entier.

Dans la suite de ma carrière, c'est le diagnostic prénatal qui pose le plus de questions d'éthique. On dit qu'on ne fait pas d'eugénisme en France. C'est discutable. On peut même parler d'euthanasie prénatale. Aujourd'hui, chaque femme enceinte est confrontée en début de grossesse à un choix: faire ou non un dépistage de la trisomie 21 ou mongolisme. Il y a moins de 1 % de femmes, très religieuses ou très cultivées, qui refusent les échographies. Je dis cultivées car il faut avoir la capacité de comprendre qu'en acceptant cet examen on s'expose à l'éventualité de la découverte d'une anomalie et des conséquences qui en découleraient. Une affaire a marqué les mémoires, celle dite « Perruche », du nom d'une femme enceinte qui contracte la rubéole en début de grossesse. Son médecin lui prescrit les examens nécessaires dont les résultats – faussés par une erreur de laboratoire – laissent penser que le fœtus n'a pas été contaminé par le virus. Mais sa patiente donne naissance à un enfant lourdement handicapé par une rubéole congénitale. En 1989, le couple Perruche attaque en justice le médecin, le tenant responsable de cette naissance en ayant empêché la mère d'avoir recours à une interruption médicale de grossesse (IMG). Ils réclament des millions de francs de dommages aux assurances du professionnel et mènent leur action jusque devant la Cour de cassation qui leur donne raison en 2000. Je préside alors l'association des échographistes de France et ma position est de dire que ce n'est pas la sonde de l'échographiste qui a provoqué la malformation, mais la rubéole que les médecins ne sont pas arrivés à détecter. Nous ne pouvons être tenus pour responsables d'une maladie que nous n'avons pas diagnostiquée. Il est normal de demander une indemnisation à un médecin qui blesse un fœtus lors d'une amniocentèse, car c'est un préjudice direct. Mais être redevable d'une anomalie congénitale et de ses conséquences, c'est impossible. Aucune assurance ne pourrait alors nous couvrir car elles ne peuvent se substituer à la solidarité nationale. Au même moment, deux bébés trisomiques naissent en France : les médecins sont condamnés pour ne pas avoir détecté leur handicap. Je conseille alors aux échographistes français de poser les sondes, de faire grève jusqu'à ce que les règles de la responsabilité des échographistes soient clarifiées. La grève dure dix jours. Le gouvernement de Lionel Jospin finit par nous écouter : la loi dite « anti-Perruche » est votée en 2002. Ce texte interdit l'indemnisation du « préjudice d'être né» et prévoit que c'est à la solidarité nationale de financer les soins des personnes handicapées, même lorsque la malformation n'est pas repérée par les médecins. Désormais, si l'on veut impliquer un échographiste, il faut démontrer qu'il a commis une faute en réalisant son examen. Nous avons le système de diagnostic prénatal le plus développé au monde, ce qui n'empêche pas de nombreux parents d'attaquer pour des malformations non détectées, même minimes. Le coût de nos assurances a doublé. L'échographie est devenue trop sensible ; on voit trop de choses et parfois une anomalie sans conséquence ruine la sérénité des femmes et des familles. Compter le nombre de doigts d'un fœtus a un effet délétère. S'il en manque un, les parents sont plongés dans une angoisse terrible, l'enfant n'est soudain plus un heureux événement, à tel point que certains demandent une interruption de grossesse, qu'ils n'obtiennent pas. Il existe en France, depuis la loi de bioéthique de 1994, quarante-huit centres de diagnostic prénatal où sont étudiés les dossiers d'anomalies et les demandes d'interruption médicale de grossesse, par un gynécologue, un échographiste, un généticien et un prénataliste.

L'anomalie doit être attestée comme incurable pour qu'une IMG soit permise. J'ai appris à mes élèves internes à ne pas parler pendant une échographie, car un mot malheureux, un silence soudain peuvent déclencher d'immenses angoisses chez la mère et potentiellement faire des dégâts sur sa future relation avec son enfant. Le test de la trisomie provoque des peurs terribles et confronte les parents, dès les premières semaines de grossesse, à la question : s'il n'est pas normal, on fait quoi ? On demande aux femmes de se positionner sur l'avortement, de postuler qu'elles pourraient mettre fin à leur grossesse. Je préconise pour les patientes de plus de 40 ans de faire tout de suite la prise de sang qui donne un résultat précis. Le doute sur un fœtus est très difficile à vivre pour les parents et peut provoquer des séquelles psychologiques graves. Toutes ces questions m'ont occupé au fil des quarante-cinq années que j'ai passées à l'hôpital public, où j'ai été très heureux et dont je déplore aujourd'hui la lente déliquescence.

Au début des années 1990, je suis chef de service à l'hôpital de Poissy, dans les Yvelines. Il y a, en face, un collège public aux nombreuses difficultés sociales et scolaires. Chaque mois, une collégienne de 15 ou 16 ans vient accoucher à la maternité et s'en trouve très heureuse. Souvent, leurs mères les ont eues au même âge. Je n'avais pas vu cela en Alsace d'où je venais… Ces très jeunes femmes sont issues de milieux pauvres, en échec scolaire, sans aucun accès aux informations sur la contraception, en déshérence. Elles sont souvent en quête d'un statut social qui vaille quand celui de mère se présente à elles. Je me dis qu'il faut essayer de mettre un terme à ce cycle de la misère qui entrave leur autonomie, leurs ambitions, les possibilités de se construire une autre vie. Je propose au principal du collège d'intervenir dans ses classes de troisième. J'y vais, mal préparé au début, et commets toutes les maladresses et erreurs possibles… Comme celle de ne pas répondre aux questions aberrantes que me posent certains élèves. « Quand une meuf ne veut pas, est-ce qu'un copain peut la tenir pour qu'on puisse se la faire ? » ou « Quand une fille elle aime son père, n'est-ce pas normal qu'elle ait des rapports avec lui ? ». Je ne sais pas encore comment réagir, je suis décontenancé. Je décide de consacrer deux heures par semaine à ces interventions, et me rends dans d'autres établissements des Yvelines, accompagné par mes internes pour qu'ils apprennent à intervenir en milieu scolaire. Un médecin doit savoir sortir de sa zone de confort, l'hôpital, pour aller à la rencontre d'une population jeune qui a besoin de prévention concernant les grossesses non souhaitées, l'avortement et les infections sexuellement transmissibles. Il faut se confronter à ces ados qui ont envie de se moquer de nous, d'imposer leur loi, mais qui finissent par nous écouter. J'apprends à maîtriser ce public et à aborder des sujets complexes, l'homosexualité, la masturbation, la jouissance, les violences sexuelles. Les interventions en milieu scolaire où l'on se contente d'évoquer la pilule et le préservatif peuvent être contre-productives, c'est donner l'impression que la sexualité ne serait que technique. Ce qui intéresse les ados, c'est tout le reste.

Je conçois une intervention d'une heure et demie, avec une séquence de trente minutes consacrée aux questions posées par écrit, anonymement, par les élèves. J'interviens dans des classes de seconde en zone urbaine, de troisième en zone rurale et de quatrième dans les quartiers difficiles. Pourquoi ? Parce que la sexualité ne commence pas partout au même âge. Dans les établissements dits « à problèmes », les élèves ont souvent redoublé des classes et sont plus âgés qu'ailleurs. En revanche, tous, partout, sans exception, sont formatés par la pornographie. Peu importe le milieu social, nous n'éduquons pas nos enfants à la sexualité, le porno s'en charge. Dès l'école maternelle, on devrait parler du corps, du respect de soi et de l'autre, des interdits. Les parents, dans l'enfance, sont les premiers à coder les interdits. Ils doivent dire « non, tu ne peux pas m'épouser », « non, tu ne peux pas me toucher », instaurer une barrière symbolique et infranchissable. C'est l'absence de ce « non » qui différencie les familles incestuelles des autres. Cette barrière entre ce qui est sexuel et ce qui est familial est nécessaire. Mais la conversation avec l'enfant va rarement plus loin. Les parents sont toujours dépassés quand survient l'adolescence. Ce ne sont pas eux qui peuvent aborder le sujet de la sexualité avec leurs enfants. Pour une raison simple : quand on parle de sexe à ses enfants, on lève peu ou prou le voile sur sa propre sexualité et s'il y a une chose que les enfants ne veulent pas entendre, c'est bien cela. Dans la petite enfance, la libido est tournée vers les parents. À l'adolescence, elle se tourne vers des objets sexuels dits secondaires. C'est un moment crucial où le jeune a l'impression qu'il trompe amoureusement ses parents, qu'il va les décevoir. Il dissimule tout, alors que c'est le moment où il a le plus besoin de protection. Pour cette raison, les parents ne peuvent pas être ceux qui informent. On ne peut pas être à la fois celui qui pose l'interdit et celui qui amène la licence. Les parents peuvent répondre à certaines questions quand elles sont posées, mais à l'adolescence, ils ont besoin de l'aide d'un tiers pour que les informations soient données, pour éviter une difficulté, un drame, une blessure, un traumatisme. Malheureusement, la loi de 2002 sur l'information à la vie affective et sexuelle n'a jamais été appliquée et aucun moyen n'a été alloué à ce projet qui est resté dans les cartons. Luc Chatel, ministre de l'Éducation nationale entre 2009 et 2012, m'a expliqué que les parents catholiques empêchaient son application par conviction religieuse. Mais l'insuffisance des moyens financiers est également en cause.

Ces trois heures de cours annuelles demandent des ressources humaines. Si c'est le professeur de sciences de la vie et de la Terre qui s'en charge, il doit être formé. Ce type d'intervention n'est pas facile à mener… Même pour les internes en médecine, c'est plus difficile à apprendre qu'une procédure de césarienne ! Cette lacune a des conséquences graves sur la jeunesse du pays. Chaque année, il y a en France environ 15 000 avortements chez les moins de 18 ans et 90 000 chez les moins de 24 ans. Il y en a, proportionnellement, beaucoup moins aux Pays-Bas, par exemple. Pourquoi ? Parce que là-bas, comme en Suisse, au Royaume-Uni et en Allemagne, les élèves ont des cours sur la vie affective et sexuelle. En France, nos jeunes sont ignorants. Ils pensent que l'on ne risque rien lors du premier rapport sexuel, que l'on ne risque rien lorsque la fille a ses règles, que l'on ne risque rien avec le préservatif, etc. Il faudrait un grand projet de santé publique pour former les infirmières et les sages-femmes à cette intervention en classe, qui doit être rémunérée. J'ai rencontré plusieurs ministres pour leur dire qu'il me semblait aberrant de ne pas, comme le font tous les pays voisins, vraiment aborder l'information sur la sexualité dans nos écoles. C'est resté lettre morte. Les ABC de la sexualité mis en place par Najat Vallaud-Belkacem ont été abandonnés. À la moindre contestation, venant principalement des milieux religieux intégristes, l'État cède. Ce manque d'information sur la vie affective et sexuelle porte principalement préjudice aux femmes. Jamais un garçon ne doit faire le parcours difficile d'une demande d'IVG. Ce sont les femmes qui payent le prix fort de ces lacunes.

En plus de mes interventions, j'ai mis en place, à Poissy puis à Strasbourg, des centres de consultation anonymes et gratuits où l'on peut obtenir un moyen de contraception sans être examinée. Les ados ne vont pas au Planning familial, qu'ils voient comme un lieu de planification de la famille, ou alors ils s'y rendent trop tard... De plus, il n'y a pas de centres en dehors des grandes villes. Notons tout de même certains progrès, sur le recours à l'IVG notamment. Dans les années 1990, il était limité et l'on comptait 6000 naissances par an chez les moins de 18 ans. Aujourd'hui, nous comptons 900 naissances. L'avortement est même devenu, pour certaines jeunes filles, un moyen de contraception. Il faut dire qu'un avortement, c'est gratuit… Et les jeunes et les médecins ne savent pas que, depuis 2021, la contraception est gratuite avant 25 ans car il n'y a pas eu de campagne d'information à ce sujet. On marche sur la tête ! Quand j'exerçais en Alsace, la région m'avait donné de l'argent pour créer un site internet, Info Ado, où les jeunes pouvaient poser des questions anonymement. J'avais pris modèle sur un site canadien, Ask to Alice. Ça a très bien fonctionné. Je recevais une quarantaine de questions chaque jour auxquelles mes internes répondaient sous la supervision d'un sénior. Avant que la subvention s'arrête et que le site ferme, j'ai pris l'habitude de répondre à toutes les questions, même les plus embarrassantes. J'ai compris qu'il ne fallait rien esquiver, sur le fond comme sur la forme. Dans les années 1990, les interrogations des élèves tournaient autour de la contraception, du risque de tomber enceinte et du sentiment amoureux. « Pourquoi les garçons regardent nos fesses et pourquoi nous on est amoureuses ? », « Est-ce qu'avaler du sperme fait grossir ? », « Est-ce que les vieux nike ? (sic !) ». Les questions d'aujourd'hui ne sont plus les mêmes, elles découlent de ce que les jeunes voient sur les sites pornographiques. « Est-ce qu'on peut se tromper de trou ? » tombe désormais presque à chaque fois dans les classes où j'interviens. J'y réponds très sérieusement. « Pourquoi riez-vous ? J'ai honte pour vous. Êtes-vous sortis du trou de votre mère ? Si vous parlez du trou des femmes, c'est que vous autorisez d'autres hommes à parler ainsi des organes de votre mère. » Plus personne ne rit. Après j'aborde la sodomie, car c'est de cela qu'ils veulent parler. Toutes les questions sont utiles. Le sujet de la zoophilie revient souvent. J'ai d'abord pensé que c'était de la provocation. « Je n'aime faire l'amour qu'avec un âne, est-ce normal ? » Je les lisais à peine. Quand la question est posée en classe, ça fait rire tout le monde bien sûr. Là encore, cela vient de la pornographie en ligne où des vidéos gratuites peuvent montrer ce type de scènes extrêmes. Ça provoque des clics. Qui dit clic, dit profit. Quand 0,01 % des gens regardent l'une de ces vidéos, ça génère un chiffre d'affaires considérable... Et les jeunes regardent avant tout ces images gratuites qui fascinent, choquent, excitent. Ce mélange crée une dépendance. Quand les ados sont confrontés à la sexualité dans la « vraie » vie, certains d'entre eux ont besoin de ces images pour conserver leur érection, ce qui d'ailleurs les rend agressifs, voire leur fait éviter le réel d'une relation. Le porno, c'est un lexique de la domination masculine, de l'érection, de l'éjaculation, de la femme-objet dont on apprend à se servir sans son consentement. Lorsque j'ai rencontré Marlène Schiappa, alors ministre, je lui ai dit qu'une loi contre les « pinceurs de fesses » c'était super, mais que c'est à l'école qu'il faut apprendre le consentement et que la pornographie incite justement à l'inverse. Ni elle ni le ministre Jean-Michel Blanquer n'ont agi. Les jeunes, les garçons surtout, qui ne sont pas suffisamment encadrés, éduqués, informés, n'apprennent que le non-consentement. Le contrat républicain exige que tous les enfants soient égaux, or devant la sexualité ce n'est pas le cas.

La plupart du temps, j'interviens dans des établissements alsaciens. Je donne les adresses des centres strasbourgeois où les jeunes peuvent aller demander une contraception, gratuitement et sans être examinés. C'est important qu'il existe des lieux où ils n'ont pas à se déshabiller pour obtenir la pilule, des préservatifs ou de l'information.

Puis je développe trois points, des généralités sur la sexualité qui ont une grande importance. La première les étonne beaucoup. Je leur dis qu'il n'y a pas de sexualité chez les animaux. Un chien court derrière une chienne en chaleur sans savoir pourquoi il est si fortement attiré et excité. Plus vite c'est fait, mieux ça vaut, et retour à la niche. Les animaux ont des coïts essentiellement reproductifs, ils ne fantasment pas les uns sur les autres. Un chien ne rêve pas d'une chienne aux yeux bleus avec des taches brunes ni de positions sexuelles. Chez les humains, on se reproduit aussi mais deux ou trois fois dans sa vie, et tous les autres rapports sexuels ne servent qu'à procurer du plaisir. Il n'y a que les humains et quelques grands singes très proches de nous qui fassent l'amour exclusivement pour le plaisir, qui rêvent les uns des autres sans oser le dire, qui fantasment, au contraire des animaux pour lesquels les rapports sexuels correspondent à un automatisme de reproduction. La vie sexuelle des femmes et des hommes commence dans le cerveau, et démarre bien avant d'avoir des rapports. Le rêve et le langage définissent l'humain ; de là provient sa sexualité, dès l'enfance. D'ailleurs, des orgasmes peuvent survenir la nuit grâce aux rêves, sans que le corps soit touché par quiconque. Être capable de jouir, c'est être capable de se raconter sa petite histoire, celle qui fait jouir, sans qu'il y ait nécessairement un acte physique. La sexualité et la jouissance sont des phénomènes cérébraux autant que corporels, pour les hommes comme pour les femmes. Autre précision : l'humain est la seule espèce à avoir des rapports sexuels pendant la grossesse de la femme, ce qui n'arrive pas dans le monde animal. De même que la ménopause n'arrête pas – loin s'en faut – la vie sexuelle, alors même qu'il n'y a plus de reproduction possible. Ce premier rappel leur apporte des informations que, souvent, ils n'avaient pas. Ils commencent alors à comprendre que la sexualité ce sont des sentiments, du désir, de la parole. Se tenir par la main, c'est déjà de la sexualité. J'explique que l'aspect mécanique et la performance de l'acte n'ont pas d'importance. Une question demeure sans réponse certaine : pourquoi les garçons ressentent-ils davantage le besoin de regarder des images pornographiques ? Sans doute parce qu'il y a plus d'inhibition chez les filles et que le sexisme de la société exerce une force coercitive. Sans doute aussi parce que pour maintenir une érection il faut de l'excitation et que ces images y aident. Quand il y a une baisse ou une « panne », cela se voit chez les garçons. Ils en ont peur. Et c'est une peur autoréalisatrice : plus on y pense, plus il y a de risques que ça se produise. L'hyperexcitation que procure la pornographie les rassure. Les filles n'ont pas cette préoccupation.

Deuxième généralité importante que je présente lors de mon introduction : ta sexualité, c'est perso. Elle ne regarde ni les parents, ni les copains, ni les docteurs. Elle ne regarde personne d'autre que soi. C'est un secret précieux, le plus grand de l'individu. Et j'insiste sur le fait que celui ou celle qui raconte ce qu'il a fait avec untel ou unetelle doit avoir honte. Que l'on méprise ceux qui ne savent pas protéger leur jardin secret. Que les bavards sont écoutés et méprisés. Je dis aux garçons que ces récits décourageront les filles d'aller avec eux. Les parents non plus n'ont pas à savoir, et encore moins à poser des questions au gynécologue de leur fille. Quand je reçois une mère et sa fille, je fais rapidement sortir la première du cabinet de consultation. La discussion démarre à ce moment-là avec la patiente. J'explique le secret professionnel, tout en précisant que même à un médecin ils ne sont pas obligés de raconter leur vie sexuelle. J'insiste sur le fait que jamais, nulle part, il ne faut se laisser filmer ou photographier. L'idée que leur image leur échappe les terrifie. Sur cet aspect, les réseaux sociaux sont un fléau.

La troisième partie consiste à dire qu'en matière de sexualité, il n'y a pas de norme. Ou plutôt, que tout est normal. Un premier rapport à 14 ans ? Normal. Un rapport à plusieurs ? Normal. Pas de rapport avant 22 ans ? Normal. Un rapport en trois minutes ? Normal. Le seul interdit, la seule barrière, c'est de forcer l'autre ou d'accepter de faire quelque chose que l'on ne veut pas faire. Enseigner le consentement est l'une de mes missions. Je leur dis, plusieurs fois, qu'une femme qui dit non, ça ne veut pas dire oui. Ceux qui ne l'entendent pas ou ceux qui croient que l'on peut forcer sa partenaire à faire ce qu'elle ne veut pas seront tôt ou tard condamnés. Je dis clairement aux élèves que tout rapport sexuel qui se fait sans le consentement des deux est un crime, pas un délit. Là encore je me tourne vers les garçons. « Si vous n'êtes pas capable d'entendre le "non", ça se termine en prison. » Une fille a le droit de porter des habits provocants, ça ne veut pas dire qu'elle a envie d'autre chose que de susciter le désir dans le regard des autres. Si elle accepte de vous tenir la main, ça ne veut pas dire qu'elle accepte de vous embrasser. Si elle a accepté de faire l'amour le lundi, elle peut refuser le mardi. En bref, on a le droit de tout faire si les deux personnes sont d'accord. Je précise que le non-consentement comprend aussi les cas où l'on menace l'autre, où que l'on fait du chantage pour obtenir un rapport sexuel. Ils le savent mais y sont incités par le concours de virilité qu'entraîne la pornographie. L'exemple où une fille accepte parce qu'elle a peur qu'on dévoile sa photo dénudée, cela s'appelle un viol, parfois même un viol en réunion, et peut conduire en cour d'assises.

Depuis le 21 avril 2021, le législateur interdit tout acte sexuel entre un adulte et un mineur de moins de 15 ans lorsque la différence d'âge entre eux est d'au moins cinq ans.

J'utilise l'image de la mère ou de la sœur, sacrée dans toutes les cultures, pour frapper leurs esprits. On ne surveille, on ne contraint ni sa sœur, ni sa mère, ni sa copine. Je rappelle l'essentiel : chacun est libre et les lois qui priment sont celles de la République, elles passent avant celles de Dieu. Certains s'opposent à ces propos. Je leur conseille de changer de pays car en France ils ne seront pas heureux s'ils refusent de suivre cette hiérarchie toute républicaine. J'énonce des principes basiques : l'égalité entre les hommes et les femmes, la liberté de pouvoir avoir des rapports avec qui l'on veut, avant ou après le mariage, sans l'autorisation de ses parents. J'insiste sur l'aspect religieux des interdits. J'ajoute même qu'en France on peut dire que Dieu est un con. Le blasphème est autorisé. Je termine l'introduction en passant dix minutes sur la contraception et les infections sexuellement transmissibles. Pas davantage car je trouve qu'il est catastrophique de parler de la sexualité comme de quelque chose qui tue ou qui provoque des grossesses non désirées.

Ils doivent, c'est le plus important, avoir toutes les informations nécessaires pour se protéger. Mais y passer plus de dix minutes donnerait une tonalité anxiogène et à mon sens contre-productive à l'intervention en classe.

Viennent ensuite les sujets sensibles : l'homosexualité, le genre, la masturbation, la jouissance sexuelle, la virginité, les violences sexuelles et l'inceste.

À la fin des séances, je réponds aux questions anonymes posées par les élèves sur des bouts de papier. Je commence par les crues, les obscènes, les vulgaires, faites pour choquer et rire. Elles me servent à retourner leurs moqueries, à m'en servir pour transmettre de l'information. « Comment, vous riez de ce que l'on a de plus beau dans la vie, la sexualité ? » ; « Vous parlez du corps des femmes avec des mots sales, comment est-ce possible ? ». Je leur fais des réponses sur la forme puis sur le fond. Mais ce n'est pas toujours le cas. Il y a des questions véritablement légitimes et bien formulées. Notamment celles qui pointent les différences entre les filles et les garçons. « Pourquoi ils nous regardent comme ça ? » ; « Pourquoi ils sont capables de coucher avec n'importe qui et nous on a besoin d'une histoire d'amour, d'humour, de gentillesse, etc. ? ». Les hommes et les femmes ne sont pas conçus de la même manière, leurs cerveaux fonctionnent différemment dans la majorité des cas. Ces différences entre les sexes viennent de l'éducation, qui est genrée, mais il y a aussi une composante organique. Les garçons, plus sensibles au visuel, apprennent la sexualité avec la pornographie, sur écrans, de manière industrielle, avec des images brutales. Leur excitation est souvent suscitée par des propos médisants sur les femmes. Autre différence, leur sexualité se passe à l'extérieur de leur corps, avec une érection et une éjaculation. Chez les filles, elle se passe à l'intérieur. Leurs excitations divergent. Les rites initiatiques sont genrés, ce qui explique en grande partie les variations entre les manières de séduire.

Cette dernière séquence peut aussi révéler des problèmes graves. Les élèves profitent parfois de cette occasion pour demander de l'aide, pour se confier sur des drames personnels qui peuvent être qualifiés de délits ou de crimes. Je n'ai jamais contacté la police après une intervention en classe. Nous sommes autorisés, obligés même dans certains cas, à le faire, même s'il est difficile d'être certain que la victime ne sera pas mise en danger avant l'intervention d'un juge. Je me suis rendu un jour dans un établissement privé. Les curés à la tête de l'école m'avaient demandé de parler aux parents avant que je sois envoyé dans les classes. Ils voulaient surtout que je fasse de la prévention sur la contraception et les maladies : c'est ce qu'ils avaient opposé aux parents les plus vindicatifs, ulcérés que je sois autorisé à parler de sexe dans les classes. Je suis allé voir les terminales, puis les premières et enfin les troisièmes. Dans une classe de troisième, à la fin de l'heure et demie de présentation, j'ouvre l'un des papiers où sont inscrites les questions des élèves : « J'ai 13 ans, mon frère de 17 ans lèche mon sexe et essaie de me pénétrer. Il arrête parce que je crie. Aidez-moi. » Je ne lis pas la question en classe. La jeune fille vient me voir à la fin de la séance. Elle me le reproche. Je lui réponds que je ne voulais pas que tout le monde sache ce qui se passe chez elle, mais que je vais l'aider. Je lui demande le numéro de téléphone du domicile de ses parents. Quand j'appelle, elle répond, me dit avoir réglé le problème et raccroche. Je rappelle, je tombe sur sa mère qui me dit la même chose. Je menace de faire un signalement au procureur de la République de Versailles. Le père me propose un « arrangement ». Je refuse et les convoque tous les quatre dans mon bureau, à l'hôpital. Là, je découvre une famille fusionnelle, avec un père ingénieur qui commence tout juste à comprendre la catastrophe. Le garçon va très mal. La fille mieux, paradoxalement. Les parents sont dévastés. Je leur dis que j'ai l'obligation de prévenir l'aide sociale à l'enfance. Dans ce cas ça se terminera en cour d'assises car, selon le témoignage de la jeune fille, il y a eu viol. L'autre choix, risqué, car on n'est jamais sûr de protéger l'enfant agressé, est d'envoyer tout le monde en consultation chez un psychiatre. Ils y sont tous allés. La victime m'a dit que son frère n'avait pas recommencé. Je lui ai fait confiance. Je leur ai évité les assises, qui auraient constitué une épreuve pour tous, mais j'ai pris un risque. Si les viols avaient continué et que la victime avait porté plainte, ça aurait été catastrophique pour elle et pour moi également. Dans le cas de cette famille, j'ai considéré qu'il valait mieux que le garçon soit soigné plutôt qu'envoyé en prison. Ces prises de décision ont jalonné ma carrière. Ce sont des choix difficiles à faire, avec des conséquences graves. Former le corps enseignant et le personnel médical à ces interventions en classe, c'est aussi aider à la prise en charge de ces problématiques récurrentes. Et c'est d'autant plus indispensable que la fréquence des abus sexuels dans l'enfance et l'adolescence est de l'ordre de 20 % de la population [1]. Un véritable fléau quand on connaît les séquelles de ces abus.

Je n'aborde les violences sexistes et sexuelles que depuis dix ans dans les classes. Avant, il y avait peu de questions sur ce sujet et je dois dire que, naïvement, je ne pensais pas que le problème se posait autant pour des si jeunes. Mais c'est apparu massivement avec la libération de la parole et des campagnes de prévention dans les médias. Je dis aux filles qu'un compagnon qui lève une fois la main... Et avant d'avoir le temps de finir ma phrase, je suis parfois interrompu par un garçon qui lance en riant bêtement : « C'est parce que c'est une salope. » Je parle des peines de prison encourues dans les cas de violences

1. 160 000 enfants/an.

physiques. Je dis aux filles qu'avant les violences physiques il y a très souvent des insultes et qu'il faut quitter sans hésiter un garçon qui vous traite de conne. Rester, c'est risquer sa peau. Un homme brutal le restera toute sa vie. La violence physique récurrente est une maladie grave que nous ne savons pas soigner. Il faut le reconnaître. Même si l'auteur des coups pleure, même s'il promet qu'il ne recommencera plus, la première biture, le premier événement qui attise sa jalousie, la première grossesse, sont des circonstances dans lesquelles la violence peut surgir à nouveau. J'ai un jour reçu en consultation une femme enceinte de six mois, qui avait des bleus sur le ventre. Je lui ai dit que je devais le signaler à la justice. Elle m'a supplié de ne rien en faire, que ça allait la mettre en danger. Je l'ai écoutée. Elle est morte trois semaines plus tard d'un décollement du placenta provoqué par un nouveau coup de pied dans son ventre de femme enceinte. Je me suis alors juré de toujours contacter le procureur de la République, même contre l'avis de la patiente, si je constatais que des sévices avaient lieu.

## 2

Le grand reproche que j'adresse au Planning familial ou à l'association contre le sida, Aides, lors de leurs interventions dans les écoles, est d'avoir laissé entendre aux collégiens et lycéens que la sexualité peut tuer ou donner des enfants que l'on ne désire pas. Sans rien aborder d'autre. Pendant longtemps, beaucoup de proviseurs n'osaient pas annoncer aux parents des interventions en classe sur la sexualité. Ils édulcoraient, expliquant que j'étais là pour faire de la prévention. Je le comprenais en lisant les questions anonymes des élèves qui tournaient uniquement autour des MST, du préservatif ou de la pilule. Bien sûr, ces problématiques de prévention doivent être abordées et je ne peux pas en faire l'impasse, mais je n'y consacre pas plus de quinze minutes. Ce n'est pas ce qui intéresse les adolescents. J'ai à cœur d'aborder la contraception en leur faisant entendre qu'ils n'en sont pas, à leurs âges, au stade de la reproduction. Je rappelle qu'il y a peu, nos grands-mères risquaient d'être enceintes à chaque fois qu'elles faisaient l'amour. Ils le savent et connaissent plusieurs moyens de contraception, mais souvent les plus mauvais, ou les moins adaptés.

Je commence par l'interruption volontaire de grossesse. D'un point de vue éthique, je ne veux pas qu'ils la considèrent comme un moyen contraceptif, mais je ne veux évidemment pas la condamner. Bien au contraire. Je loue notre pays qui en a fait une liberté des femmes. Beaucoup d'élèves, marqués par un poids culturel et religieux, estiment que l'avortement est un meurtre. Il faut aller à rebours de cette idée, sans pour autant présenter l'IVG comme une contraception. Je leur explique que c'est un droit primordial, une victoire importante pour les femmes de France, mais qu'il vaut mieux prévenir les grossesses non désirées que d'avoir à subir une IVG. Je raconte la réalité vécue à l'hôpital où je travaille : chaque semaine, deux ou trois adolescentes viennent pour un avortement. Je rappelle les chiffres : en France, 15 000 mineures et 90 000 femmes de moins de 24 ans vivent une IVG chaque année. Les Hollandaises et les Suisses en subissent trois fois moins. La différence, c'est que dans ces pays on éduque les jeunes correctement, on leur explique qu'on ne se lance pas dans un rapport sexuel sans savoir si l'on souhaite que l'acte donne éventuellement une grossesse. Parce que terminer sa première histoire d'amour par un avortement, ce n'est vraiment pas sympa. Se retrouver sur une table d'opération à 15 ans, c'est éprouvant. Entendre cela les fait réfléchir. Je répète que c'est une chance que la France ait permis que toute femme qui ne souhaite pas une grossesse puisse, jusqu'à un certain stade, l'interrompre. Ceux qui sont d'accord opinent discrètement de la tête. Ceux qui ne le sont pas s'expriment. Pour eux, cela reste un meurtre. En grande partie pour des raisons religieuses et d'influence familiale. Je les écoute et je leur dis : « Laissez-moi vous convaincre. J'ai commencé l'internat en gynécologie juste avant que la loi Veil ne soit votée. À cette époque, une jeune femme mourait chaque jour, en France, des conséquences d'un avortement clandestin. Et dix fois plus devenaient définitivement stériles. Les femmes qui avaient des séquelles se comptaient par milliers chaque année. C'était une catastrophe, doublée d'une injustice sociale terrible. Car pour les femmes riches ou bien placées, il en allait tout autrement : j'ai vu la fille d'un préfet et celle d'un maire inscrites au tableau opératoire pour traiter une soi-disant fausse couche, alors que c'étaient en fait des IVG. Et les autres pouvaient mourir de septicémie après s'être injecté de l'eau savonneuse dans l'utérus pour avorter. J'entends encore leurs cris. Les riches se débrouillaient, les pauvres mouraient. Ça, heureusement, ça s'est terminé en 1975. » Ces mots les frappent, ils n'ont souvent jamais entendu que l'avortement clandestin tuait et tue encore beaucoup de femmes dans les nombreux pays où l'IVG est illégale. Je leur dis que je suis favorable à l'IVG à 100 % même si je n'aurais pas aimé qu'une femme de ma famille ait besoin d'en passer par là. Il est très important que l'IVG existe mais si on peut l'éviter, c'est mieux. Parce que ce n'est pas une procédure banale. Surtout lorsqu'on est jeune, qu'on est seule, qu'on n'a pas pu se confier à un proche. En effet, c'est aujourd'hui accessible et gratuit pour tous, mais cela peut-être une véritable épreuve. Il y aura toujours des accidents de contraception et il y aura toujours des IVG. Et c'est bien qu'en dernier recours la femme puisse décider, seule, d'y avoir accès. Les médecins ne demandent pas l'avis du mari, du compagnon, du père ou de qui que ce soit. Quand on est mineure, il faut venir accompagnée d'un adulte référent. Qui n'est pas toujours la bonne personne. Souvent c'est la mère du garçon. D'autres fois, c'est le garçon lui-même. J'avais exigé, à l'hôpital, que l'accompagnement soit fait par la psychologue du service. C'est cette personne qui guide la jeune fille à toutes les étapes, qui répond à ses questions et avec qui la décision se prend. Ça devrait toujours être quelqu'un de l'équipe médicale, un professionnel, pour qu'il n'y ait aucune pression, aucun conflit d'intérêts. Le rôle de l'adulte référent est d'être présent, de tenir la main, de veiller à ce qu'une contraception plus sérieuse soit mise en place après, surtout quand ce n'est pas la première IVG. Il y a aujourd'hui une forme de banalisation de l'avortement qui explique l'augmentation du nombre d'IVG, 232 000 en 2022. On voit, même si ce n'est pas majoritaire, des jeunes femmes de 18 ans qui en sont à leur quatrième ou cinquième interruption. Ces patientes-là, je l'explique à mes internes, vont mal, ont du mal à gérer leurs relations avec les hommes, subissent peut-être des maltraitances, voire des viols, ne savent pas anticiper les conséquences de leur vie sexuelle. C'est là qu'il faut tendre la main et proposer de l'aide. Parfois, on découvre des situations d'une très grande complexité. Face à une fille de 12 ans accompagnée par son père qui demande un avortement, on est extrêmement vigilant. On essaie de faire parler la jeune fille, car bien souvent, ce n'est pas un rapport consenti. On peut prélever et congeler du tissu au moment de l'intervention pour le cas où un test ADN serait ordonné un jour par la justice après une révélation ultérieure. Très souvent, on ne parvient pas à avoir plus d'informations, mais on soupçonne une grossesse due à un rapport forcé, voire incestueux. On peut faire une déclaration de mineure en danger, c'est extrêmement agressif. Obligation est faite de le faire si la jeune femme nous en a parlé et si elle accepte la démarche. Mais quand ce ne sont que des soupçons, c'est compliqué car cela peut injustement détruire une famille.

En parallèle, on est de plus en plus confronté à des demandes de ligatures de trompes chez des jeunes de 20 ans. Elles viennent nous voir en disant « je ne veux pas d'enfant, et je n'en voudrai jamais ». La profession ne sait pas trop comment réagir à ces requêtes… C'est une décision souvent motivée par une déception amoureuse ou des convictions écologistes. Ces jeunes filles négligent le fait que plus tard elles pourraient changer d'avis. Le médecin peut utiliser sa clause de conscience et refuser s'il estime que ce n'est pas raisonnable. Ce qui est souvent le cas. Il y a hélas des demandes de FIV après des ligatures de trompes regrettées.

Pendant vingt-cinq ans, j'ai dirigé à Strasbourg un service pratiquant 2 200 IVG par an, dont une dizaine de demandes au-delà de 14 semaines d'aménorrhée. La moitié de ces IVG tardives sont des dénis de grossesse, c'est-à-dire que la femme s'est aperçue tardivement qu'elle était enceinte. L'autre moitié sont des adolescentes mineures qui ne savent pas bien interpréter les signes de leur corps. À Strasbourg, quand 14 semaines d'aménorrhée constituaient encore la limite maximum, nous n'avons jamais envoyé l'une de ces femmes dont la grossesse avait dépassé le délai se faire avorter à l'étranger. On pouvait le faire en France en toute légalité en ouvrant la procédure d'interruption médicale de grossesse (IMG). Dans ces cas-là, on se réunit entre médecins et on étudie le dossier de manière très poussée. Si une mineure est enceinte de 17 semaines et qu'elle n'a pas réussi à se faire aider avant, on autorise l'IMG, qualifiée de « psycho-sociale ». Pour une femme en déni, on l'autorise également, en la prenant en charge médicalement et psychologiquement. Nous en recevions une dizaine par an, c'est peu car nous avons toujours choisi de mettre les moyens pour recevoir les femmes en urgence quand elles demandent une IVG, pour éviter qu'il ne soit trop tard. J'ai été à l'origine, en 2001, de l'allongement du délai de 12 à 14 semaines d'aménorrhée, pour s'aligner sur les législations les plus libérales en Europe. Et de la même manière, j'ai milité pour que les étrangères puissent se faire avorter en France et que les mineures y aient accès sans l'autorisation de leurs parents. Ce que je n'avais pas prévu avec l'allongement à 14 semaines, c'est que 30 % des gynécologues arrêtent de pratiquer des IVG devant la lourdeur technique du geste à effectuer. À 12 semaines, le fœtus pèse 60 grammes, à 14 il en pèse 130 et l'on connaît son sexe. Ce sont des différences importantes qui rendent l'acte plus compliqué. Mais j'ai eu beaucoup plus de réticences à voir le délai passer de 14 à 16 semaines. Pourquoi ? Parce qu'à 16 semaines la tête du fœtus est ossifiée, ce qui veut dire qu'il faut entrer une pince dans l'utérus et sortir le fœtus en tirant, parfois morceau par morceau. Inutile de vous dire que peu de gynécologues sont volontaires pour faire ce geste. On provoque donc « l'accouchement », soit une expulsion par voie basse par méthode médicamenteuse. Je ne suis pas contre et je ne pense pas qu'il y ait une différence éthique entre des avortements à 14 et à 16 semaines, mais il y a une différence technique. Ce sont des procédés invasifs et douloureux, plus dangereux pour la femme et pour le médecin qui souvent alors objecte et utilise sa clause de conscience. Avoir moins de médecins pour réaliser les IVG, c'est obérer le droit des femmes à disposer de leur corps. J'aurais préféré que l'on améliore l'accessibilité de l'IVG. À Paris ou à Marseille, il y a en moyenne quatre semaines d'attente pour obtenir un rendez-vous. Et dire aux femmes de ne pas s'en inquiéter car le délai a été allongé, c'est, de mon point de vue, irresponsable. Je suis passé pour un anti-IVG en défendant cette vision des choses, mais aujourd'hui beaucoup de mes collègues me rejoignent. L'IVG chirurgicale, c'est très dur, pour eux comme pour les femmes. Certains « courageux » la font faire par les sages-femmes... Il aurait été plus efficace d'investir de l'argent pour recruter sages-femmes et infirmières spécialisées, repérer les régions où il y a des lacunes, interdire aux chefs de service de transférer ces budgets sur d'autres postes, autoriser davantage de structures privées à pratiquer l'avortement. Ces moyens ne sont pas mis en place afin de ne pas « encourager » l'avortement et pour éviter que, selon un vieux principe, les médecins gagnent de l'argent avec l'IVG. Or il faudrait autoriser tous les médecins qui le souhaitent à pratiquer ce geste après s'être assuré qu'ils en connaissent bien la technique. Il faudrait les rémunérer correctement, et que la femme ait toujours le choix entre une intervention chirurgicale ou une interruption médicale. La technique d'interruption médicale de grossesse (IMG) peut avoir lieu jusqu'au neuvième mois pour une anomalie incurable et détectée tardivement, une trisomie 21 par exemple. Quand on est obligé de faire ce geste, de piquer un fœtus pour qu'il meure avant de naître, même si l'on n'est pas croyant, même si l'on est pro-avortement à 100 %, c'est très difficile. J'ai beaucoup publié sur le fait qu'il fallait endormir les fœtus avant de leur injecter le chlorure de potassium, car ce produit provoque une contraction cardiaque extrêmement douloureuse. Ceux qui voient les fœtus à ce moment-là savent à quel point ces gestes sont difficiles. Le fœticide dans notre pays est autorisé. Et nécessaire. On peut, pour raison médicale, avorter jusqu'à cinq secondes avant l'accouchement, ce qui arrive par exemple lorsque le fœtus en toute fin de grossesse fait un AVC in utero avec de graves séquelles. Ces décisions sont prises collectivement par plusieurs médecins. Quand le diagnostic prénatal n'existait pas encore, il y a trente ans, il fallait parfois agir après la naissance, avec l'accord des parents. On endormait le nourrisson et on lui injectait un produit qui arrêtait son cœur. C'était surtout le cas pour la microcéphalie – sous-développement du cerveau –, une catastrophe que l'on n'était pas toujours capable de détecter avec certitude en prénatal. Il n'y avait pas de commission qui se réunissait à l'époque… La décision était prise par le médecin et la mère. On suivait surtout la décision de la mère, et on déclarait l'enfant mort à la naissance. Ça ne se fait plus aujourd'hui, car nous détectons en amont ces malformations. L'interruption médicale de grossesse permet de laisser le choix à une patiente, quel que soit le stade de la gestation, entre un geste chirurgical ou une interruption de grossesse par médicaments.

Pourquoi tant d'IVG en France ? À cause des informations fausses qui circulent, des « fake news » qui prolifèrent. Beaucoup d'adolescents pensent par exemple qu'il n'est pas possible d'être enceinte après le premier rapport, ce qui est absolument faux. Beaucoup pensent qu'avoir un rapport quand la fille a ses règles la protège. C'est faux car une ovulation peut être provoquée par l'émotion qui accompagne le rapport sexuel ou peut être plus précoce dans le cycle. Beaucoup pensent que le préservatif protège à 100 % alors même qu'ils ne savent pas l'utiliser correctement. À leur âge, ils sont extrêmement féconds même en se protégeant avec ce qu'ils appellent la « capote ». On va y revenir. La méthode qui consiste à compter les jours d'ovulation ou bien à se retirer avant d'éjaculer ne fonctionne évidemment pas. Quand un garçon est en érection depuis quelques minutes, une goutte d'un liquide glissant apparaît au bout de la verge, une goutte de sperme qui se trouve à l'extérieur avant même l'éjaculation. À cet âge, cela peut suffire à provoquer une grossesse. D'autres idées fausses : la pilule est mauvaise pour la santé ? Non. Avoir ses règles c'est indispensable ? Non. Si on n'est pas pénétrée on ne risque rien ? Non. Une éjaculation à l'extérieur de la vulve peut suffire.

Comment choisir une contraception quand on est adolescent ? Les jeunes se moquent éperdument des histoires d'ovulation, de reproduction, de cycles. Il ne faut surtout pas leur faire un cours de physiologie de la reproduction. Ce qu'ils veulent savoir, la seule chose qui leur importe, c'est comment ne pas être enceinte. Les adolescentes ont besoin d'une contraception qu'elles ne vont pas oublier et dont les parents n'auront pas connaissance. Elles ont droit à cette confidentialité. Il y a vingt-cinq ans, les soins des mineurs, dont la contraception, étaient prescrits via la Sécurité sociale des parents : impossible donc d'être traitée sans que ces derniers soient mis au courant. Ce n'est plus le cas. À la fin des années 1990, on s'est rendu compte que des jeunes séropositifs ne se faisaient pas soigner car ils ne voulaient pas que leur famille apprenne leur séropositivité. Le gouvernement a pris la décision d'y remédier. Et il en est allé de même pour l'IVG. Pour la contraception, cela a pris plus de temps : la législation date d'une quinzaine d'années à peine. Cette confidentialité sur la contraception des mineures, que nous étions plusieurs à demander, n'est d'ailleurs pas encore connue de tous les médecins.

Il faut le dire et le faire savoir : en France, on peut obtenir une contraception gratuitement, sans se dévêtir devant un médecin et de manière confidentielle. À ce stade de leur vie, l'implant peut constituer la meilleure solution. Il s'agit d'un *long acting reversible contraception* en anglais, un LARC, c'est-à-dire un moyen de contraception à long terme et réversible qu'il est impossible d'oublier. Le médecin le met en place sous la peau du bras, avec une aiguille, après avoir appliqué une pommade qui anesthésie. C'est indolore, invisible et la patiente le garde trois ans, son efficacité est proche de 100 %. En deuxième position arrive le stérilet, qui est aussi un LARC, qu'il soit hormonal ou non. Pour une jeune femme de 15 ans, ce n'est pas recommandable de mon point de vue car cela exige un examen gynécologique à un âge où celui-ci peut être insurmontable. La pose d'un spéculum et d'une pince sur le col de l'utérus peut être très désagréable. Le passage du dispositif intra-utérin en cuivre à travers un col de l'utérus qui ne s'est jamais dilaté peut être véritablement douloureux pour certaines jeunes femmes. De plus, les dispositifs intra-utérins augmentent le flux menstruel et rendent souvent les règles encore plus douloureuses qu'elles ne l'étaient auparavant, amenant beaucoup de femmes à faire retirer leur DIU dans les mois suivant leur pose.

Enfin, en troisième position, on trouve la pilule orale, la fameuse, celle qui a libéré les femmes, qui protège à 100 % mais dont l'indice d'efficacité dépend de sa prise régulière. Par ailleurs, la prise quotidienne de la pilule est plus facilement connue d'un tiers, de la mère ou du père par exemple, ce qui est inacceptable pour la plupart des jeunes. Je ne conseille donc la pilule qu'aux plus raisonnables et matures, dont la sexualité est connue et acceptée par l'entourage familial. Mais elle a deux avantages : elle embellit la peau et diminue les douleurs de règles. Et avant 35 ans, il est possible, sans risques, de prendre la pilule même si l'on fume.

Je parle aussi de la pilule du lendemain, qui fait partie de la contraception. Je leur explique que si elle marchait à tous les coups, il n'y aurait plus besoin de contraception sur le long terme. Mais ce n'est pas le cas. Cette contraception d'urgence dite du lendemain, si elle est prise dans les

24 heures qui suivent le rapport non protégé, a un taux de protection de 90 %. C'est déjà ça. Mais dans les jours qui suivent, son efficacité diminue. Chez les jeunes, particulièrement fécondes, c'est insuffisant. On peut aussi mettre un stérilet dans les cinq jours qui suivent le rapport : cela empêche la grossesse mieux que la pilule du lendemain et, de plus, protège pour l'avenir. Mais il y a une contrepartie illustrée par cette anecdote. Une fille de 14 ans, dans un village, a un rapport sexuel et demande à la pharmacie la pilule du lendemain. Quinze jours plus tard, pas de règles, elle fait un test de grossesse : il est positif. Elle se dit que ce n'est pas possible puisqu'elle a pris le cachet. Et elle commence à attendre ses règles, deux mois, trois mois, cinq mois. La mère nous l'amène au sixième mois de grossesse. L'avortement n'est alors plus possible. Cette histoire vraie qui illustre l'insuffisance de la contraception d'urgence frappe l'auditoire à chaque fois dans les classes. Je leur dis qu'au moindre doute il faut poser la question à un médecin, à l'infirmière de l'établissement ou à une sage-femme.

Le préservatif féminin ? C'est un moyen pour les femmes de se protéger lorsque leur partenaire refuse de mettre un préservatif. Pour éviter les MST, on leur conseille ce dispositif vaginal constitué de deux anneaux liés par un genre de sac plastique. On en a beaucoup distribué au Canada mais ce n'est utile que dans certains cas, rares. La pilule masculine ? Ça n'existe pas. Et si un jour elle apparaît, pourrait-on faire confiance aux hommes ? Ils ne sont que peu concernés par la grossesse et auraient sans doute tendance à l'oublier… D'ailleurs, je m'adresse ensuite aux garçons. Je leur dis sans détour que celui qui a un rapport avec une fille sans se préoccuper au préalable des risques encourus, ça s'appelle un salaud. C'est quelqu'un qui ne pense qu'à son plaisir et se fiche totalement de ce qui peut arriver à la fille à la suite du rapport sexuel… et qui bien sûr n'est jamais présent au moment de l'IVG. Un garçon correct se préoccupe des conséquences du rapport sexuel pour la fille : qu'est-ce que t'as prévu ? Il peut éventuellement participer en mettant un préservatif. Les mères devraient toutes apprendre à leurs fils à poser cette question. Ça doit faire partie de l'éducation. Et ça devrait être dit à l'école.

Sur les infections sexuellement transmissibles, je vais beaucoup plus vite. Pourquoi ? Parce que le risque d'attraper le sida est chez eux bien plus faible que celui de tomber enceinte. Il y a des IST chez les adolescents, bien sûr, mais elles sont curables. Je ne le leur dis pas. Ce que je leur raconte, en revanche, c'est que quand j'avais leur âge aucune IST ne tuait. Aujourd'hui, il y en a une qui tue toujours, c'est le sida. Et malgré les progrès de la médecine, c'est une maladie chronique qui oblige de se soigner à vie, qui perturbe profondément la vie sexuelle, sentimentale et familiale. Il y a quatre autres maladies, qui ne tuent pas mais qui sont embarrassantes. L'herpès, dont on peut avoir du mal à se débarrasser, les chlamydiae qui peuvent rendre stérile, le gonocoque soigné par antibiotiques et le papillomavirus (HPV) qui ne peut être évité, même si l'on met des préservatifs. Toute personne qui a des rapports sexuels s'expose à rencontrer un HPV. 80 % des êtres humains fabriquent des anticorps contre ce virus et s'en débarrassent donc. Les 20 % qui n'en fabriquent pas pourraient plus tard développer un cancer du col de l'utérus, du rectum ou des amygdales. Il existe un vaccin, qu'il faut faire jeune, entre 11 et 14 ans, voire plus tard au cas par cas et grâce auquel on peut éradiquer le cancer du col qui représente 3 200 cas par an en France, dont 1 200 décès. Quand j'étais interne, on recevait et soignait un cancer du col par semaine. Aujourd'hui c'est un tous les trois mois. Le dépistage fonctionne bien, le vaccin encore mieux. L'idéal, c'est les deux à la fois. En France, seulement 26 % des filles sont vaccinées. Heureusement, la campagne de vaccination lancée dans les collèges pour les garçons et les filles à l'automne 2023 devrait faire augmenter ce taux. En Australie, ils l'ont rendu obligatoire en 2008 : 90 % des garçons et des filles l'ont reçu à l'école et ils ne connaissent quasiment plus ces cancers. En France, les parents ne veulent pas faire vacciner les enfants… Une idiotie ! Autre vaccin important, celui de l'hépatite B, maladie qui peut provoquer un cancer du foie. Pour celui-ci aussi, les « anti-vax » ont eu un effet délétère. Nous sommes d'ailleurs le seul pays d'Europe où le nombre de cancers du foie augmente.

Certains garçons ne veulent pas mettre de préservatif. Pourquoi ? Parce qu'à cet âge, ils ne sont pas sûrs d'eux, ils craignent, s'ils sont obligés de déballer un préservatif et de le mettre, de perdre leur érection. Voici ce que je leur dis : quand on fait l'amour, on se caresse mutuellement, on procure du plaisir à l'autre, c'est même le but principal. Plus on y arrive, plus on est content. Et mettre le préservatif à son partenaire, ça fait partie de ces préliminaires. On laisse de la place au bout du préservatif pour que le sperme puisse s'y accumuler et on le déroule bien jusqu'à racine de la verge, sans se presser. Je rappelle aux garçons qu'après avoir éjaculé ils doivent se retirer sans attendre que leur sexe diminue de taille, pour que le préservatif ne reste pas à l'intérieur. Le préservatif n'enlève rien à la qualité du rapport, qu'il soit homo ou hétéro, vaginal, anal ou oral. Bien utilisé à chaque rapport, ce qui est malheureusement rarement le cas, il est efficace à 100 % contre les grossesses et les maladies sexuellement transmissibles, à l'exception du papillomavirus. Mais les grossesses surviennent plus facilement que les IST en cas d'utilisation inadéquate, en partie parce que les spermatozoïdes sont extrêmement mobiles et trouvent leur chemin de manière incroyable, on ne sait pas comment, même quand ils sont déposés à l'extérieur de la vulve, c'est-à-dire sans pénétration. Certaines grossesses surviennent alors que l'éjaculation a eu lieu à l'extérieur. J'ajoute une chose, pour ne pas minimiser le VIH. Je raconte que j'ai vu, il n'y a pas si longtemps, un jeune de 22 ans mourir du sida. Aucun médicament ne fonctionnait pour lui. Un jour, il m'a dit « Je vais mourir, docteur ». J'ai répondu « Non, on va trouver un nouveau médicament ». Il ne m'a pas cru. Il a poursuivi : « Je vis une injustice terrible. » Je ne pouvais pas le contredire. Et il a ajouté « Alors, je vais en emmener d'autres avec moi ». De rage, de tristesse, il voulait continuer à avoir une vie sexuelle sans préservatif, en prenant délibérément le risque de contaminer ses partenaires. Cette histoire, vraie, me permet de dire aux ados de se méfier, de refuser des rapports non protégés et de se tester. Les tests sont gratuits, mais ne protègent en rien quand il y a eu exposition au virus. Mais quand je dis ça, je ne suis pas convaincu de la légitimité de mon propos. Je le dis car c'est difficile de faire une intervention en milieu scolaire sans donner les consignes officielles. Or, ces consignes, je les trouve un peu excessives pour cette classe d'âge qui heureusement a peu de risques d'attraper une maladie grave lors des premiers rapports. Les violences sexuelles, l'inceste et le harcèlement scolaire, parfois lié à la sexualité, sont des fléaux bien plus importants chez les adolescents.

# 3

Sur le sujet de l'homosexualité, mes vingt-cinq ans d'interventions en classe me permettent aujourd'hui d'éviter deux écueils. D'abord, être accusé d'en faire l'« apologie », terme souvent employé par des parents conservateurs, voire homophobes. Certains parlent même d'incitation à la débauche, comme s'il était possible de rendre quelqu'un homosexuel rien qu'en parlant de l'homosexualité. L'autre écueil c'est que les élèves, pour beaucoup, considèrent l'homosexualité comme une maladie. Ils ne veulent surtout pas « en être », et pour s'en défendre ils tiennent à l'égard des personnes homosexuelles, ou présumées, des propos insultants, voire haineux. Il faut avoir cela en tête quand on aborde ce sujet, qui est, de mon point de vue, incontournable quand on parle de sexualité à des adolescents.

Comment se détermine l'objet sexuel pour une personne donnée ? Cette question m'a toujours semblé très mystérieuse. Un commentaire ici : la sexualité s'adresse à un sujet, à une personne, dont on utilise le corps en tant qu'objet pour lui procurer du plaisir dans le même temps qu'on s'en procure à soi-même. On fantasme sur un objet sexuel, le corps d'une personne ou même une partie bien précise de son corps, même si derrière cet objet il y a un sujet. Je ne rentre pas dans cette complexité avec les jeunes. Je leur dis que la sexualité est le plus beau cadeau qu'ils ont reçu – de qui, je ne sais pas ! – et ce cadeau, pour la plupart d'entre eux, sera à l'origine des plus grands plaisirs de leur vie. Mais ce cadeau a un inconvénient, il procure de l'angoisse, à tout le monde, à tous les âges, tout au long de la vie. C'est d'ailleurs pour cela que certains chahutent ou rient bêtement quand on aborde ces questions. Même les vieux s'interrogent : est-ce que je suis encore capable de procurer du plaisir à mon compagnon ? Suis-je encore désirable ? Même ceux qui roulent des mécaniques dans la cour de récréation se demandent, inquiets, s'ils sont à la hauteur pour procurer du plaisir à une femme.

Cette angoisse, à l'adolescence, peut aussi concerner l'identité sexuelle. Qui suis-je ? À qui je m'intéresse ? Suis-je dans la norme hétérosexuelle ? 100 % des ados se posent ces questions. La plupart, notamment les garçons, affichent haut et fort leur hétérosexualité et leur virilité, en méprisant les autres et en proclamant à qui veut l'entendre que, eux, ils ne mangent pas de ce pain-là... C'est le début du comportement masculiniste. C'est ainsi qu'ils en arrivent à traiter de « pédés » leurs copains quand ils veulent les insulter. La première chose que je leur dis, c'est que nous venons d'une enfance où nous avons tous été bisexuels pendant les deux premières années de notre vie. Silence dans la classe. Dans la première année, l'enfant ne sait pas qu'il y a deux sexes différents. Il accepte les câlins de l'un ou de l'autre de ses parents sans se poser de question sur le sexe de la personne qui les lui prodigue. Le contact physique dont il a absolument besoin peut venir des deux sexes sans distinction.

Le bébé est bi dans sa première année de vie, tout simplement parce qu'il ne sait pas encore qu'il y a des sexes différents. Au cours de sa deuxième année, il comprend qu'il y a deux sexes et il va mettre encore un an pour savoir dans quel camp il se trouve exactement. Puis vient l'éducation, genrée dans l'immense majorité des cas. On ne s'adresse pas de la même manière à un garçon ou à une fille. Selon que l'on élève un garçon ou une fille, on dit, tu vas t'habiller comme ça, tu vas jouer à ça, tu vas te comporter comme ça. L'éducation de parents hétéros pousse inconsciemment leur enfant vers l'hétérosexualité, vers leur propre norme. Le choix de l'objet sexuel n'est probablement pas organique, il est très largement transmis, communiqué, éduqué. Des facteurs génétiques ou environnementaux peuvent intervenir. Plusieurs scientifiques ont publié des études sur l'imprégnation hormonale du cerveau pendant la grossesse. À différents stades du développement du cerveau, des hormones mâles ou femelles semblent pouvoir intervenir dans les comportements sexuels ultérieurs. C'est en tout cas bien démontré chez le rat. C'est plus difficile à prouver formellement pour l'espèce humaine car de nombreux paramètres viennent interférer avec cette différenciation. Il y a donc une multitude de facteurs qui font que l'on devient bi, homo ou hétéro.

Ce qui caractérise les bisexuels, c'est d'être à même d'avoir comme objet sexuel quelqu'un du même sexe, sans avoir banni l'hétérosexualité. L'éducation hétérosexuelle est susceptible d'entraîner le refoulement de notre part homosexuelle, voire sa culpabilisation lorsque celle-ci est ressentie, au travers des rêves par exemple. Plus la partie homosexuelle en nous est refoulée, plus les réactions d'identification des jeunes peuvent être violentes, pour bien montrer qu'ils n'ont pas de problèmes. Plus ils sont démonstratifs à ce sujet, plus on peut se douter que leur problème n'est pas réglé. L'homophobie n'est donc qu'une forme clinique de l'homosexualité.

Je leur répète que la sexualité s'organise lentement, au fil de la vie, et qu'au départ nous sommes tous intéressés par les deux sexes. Il y a de fortes réactions dans la classe. Mes propos ouvrent des perspectives. Ils comprennent, du moins je l'espère, que c'est leur éducation dès le plus jeune âge, les rencontres, les expériences, qui ont déterminé ce qu'ils sont et vont devenir. Ce n'est pas une décision qu'ils prennent de devenir ou non homosexuels, ce n'est pas une maladie, c'est quelque chose qui nous tombe dessus. Certains peuvent s'opposer sans le savoir à la voie tracée par leurs parents et rester bi ou homo, pour des raisons extrêmement mystérieuses. Quand on est confronté à un poncif éducatif, on peut l'accepter ou aller à son encontre. Une partie de l'explication – une partie seulement ! – de la bi- et de l'homosexualité réside dans la contestation. Il y a aussi une probable part de génétique, de sensibilité aux hormones dans l'hypothalamus du fœtus, avec des conséquences sur le comportement sexuel et le choix de l'objet. Mais tout cela rentre dans un faisceau de données et il reste une grande part d'inconnu et de mystère dans la constitution de l'objet sexuel. Ce que je pense, personnellement, c'est que la sexualité hétéro résulte en partie du refoulement de la part d'homosexualité qui est en chacun de nous, refoulement provoqué par l'éducation dans la plupart des cas. Mais je ne serais pas surpris que l'on découvre un jour que telle ou telle configuration génétique favorise la sensibilité de l'hypothalamus aux hormones de type masculin ou féminin et, donc, influe sur le choix de l'objet sexuel. À ce stade, je ne perds pas de vue que mon objectif est de faire abandonner aux élèves l'idée que l'homosexualité serait une maladie. J'essaie de lutter contre l'homophobie en leur expliquant que les homophobes sont souvent des personnes qui ont des doutes sur leur propre sexualité et ne l'assument pas. Un exemple : le président de la Pologne, qui faisait de grandes déclarations contre les homosexuels, a été surpris dans un bar gay avec un homme. Les homophobes, qui insultent ou agressent et parfois tuent, sont des homosexuels honteux qui veulent se prouver à eux-mêmes et surtout à leur entourage qu'ils ne le sont pas. En bref, c'est celui qui le dit, qui l'est. Ces propos provoquent souvent une bronca dans la classe, chez les garçons principalement. Parce que tous ont un jour traité un pote de « tapette ». Les filles ne réagissent pas de la même manière, elles sont beaucoup moins haineuses, sans doute à cause ou grâce à des contraintes sociologiques. L'amitié féminine, la tendresse entre deux femmes et l'acte sexuel qui peut en découler ont souvent été moins vilipendés et stigmatisés que la sexualité entre hommes. Les religions sont en partie responsables de l'homophobie. Le haut clergé catholique, notamment, est d'autant plus homophobe que nombre de ses membres sont homosexuels, au moins sur le plan libidinal. Les enquêtes au Vatican montrent la proportionnalité entre les allégations homophobes et l'homosexualité. Eux aussi tentent de racheter leurs « péchés » par une doctrine hostile aux homos. Il a fallu que Benoît XVI dise qu'être attiré par un homme n'est pas une maladie, mais qu'en tant que prêtre on ne devait pas y céder. Autre effet nocif de l'homophobie : associer homosexualité et pédophilie. Ça n'a absolument rien à voir. La pédophilie est une véritable perversion et il n'y a pas plus de pédophiles chez les homos que chez les hétéros. La pédophilie se définit par le fait d'être attiré sur le plan affectif et sexuel par des enfants ou des adolescents.

Je reviens sur ce point important : on ne peut pas dire qu'il y a les normo-baiseurs et les patho-baiseurs, ceux qui ont bien choisi et ceux qui ont mal choisi. Notre sexualité à tous est le fruit de notre éducation et de notre environnement. À l'adolescence, notre sexualité est très souvent consécutive à l'amour mais je ne mélange pas les deux. Le garçon qui a un copain qu'il voit tout le temps, qui lui manque quand il est en vacances, il se demande, il s'interroge. Pareil pour les filles. Tous se demandent : est-ce que je suis homosexuel ? Est-ce que rêver que l'on a des rapports homosexuels veut dire que l'on est homo ? Je réponds que non. Est-ce que ressentir des attirances pour une personne du même sexe veut dire que l'on est homo ? Non. Est-ce qu'avoir des rapports sexuels avec une personne du même sexe veut dire que l'on est homo ? Non. On est homosexuel quand on s'intéresse depuis toujours aux gens du même sexe sur le plan amoureux et érotique. Ça peut se fixer au moment de la puberté ou plus tard. J'ai longtemps dit, aux internes du service et dans des conférences, que ceux qui cherchaient le gène de l'homosexualité chercheraient longtemps. C'est bien plus compliqué, évidemment, et ça ne dépend sûrement pas que d'un seul gène, mais on peut admettre qu'il y a un poids génétique sur les comportements. Le cerveau subit notamment des influences hormonales. Les pesticides que le placenta laisse passer jusqu'au fœtus peuvent aussi avoir des conséquences sur des zones du cerveau imprégnées car ils agissent comme des pseudo-hormones. Le choix de l'objet sexuel n'a pas de causalité simple et unique. On est tous dépassés par notre orientation sexuelle, qu'on ne maîtrise pas plus que notre couleur de peau ou notre nationalité. Dans certaines familles, il y a plus d'homosexuels que la moyenne, si moyenne il y a. Sont-ce des facteurs génétiques, environnementaux, éducationnels ? Personne n'a la réponse car il y a sûrement une intrication de nombreux paramètres qui interviennent, sans compter la libération heureuse de nos sociétés qui permet à l'homosexualité de s'exprimer plus librement et d'être moins refoulée. Il y a cent ans, certaines personnes traversaient toute leur vie sans révéler leur homosexualité, et s'interdisaient de l'exprimer. Aujourd'hui, le dire est possible, le vivre aussi, ce qui peut rendre compte d'une apparente augmentation du nombre d'homosexuels. La question de leur propre situation traverse tous les adolescents mais, quand je l'aborde en classe, les regards se tournent soudain vers l'un ou l'une des élèves qui a fait savoir sa préférence, son « homo affection ». Ces élèves qui se dévoilent vivent souvent l'enfer. La sexualité est d'ailleurs un enjeu central dans le harcèlement à l'école. La confidentialité totale sur l'orientation sexuelle a donc du bon pour ne pas risquer de se faire harceler sur cette thématique. Mon but est de leur expliquer qu'on a tous plus ou moins ce genre d'ambiguïté dans le sac à dos de notre vie. Que ça fait partie de la vie des humains. Derrière cela, il y a un fléau tu et tabou, les suicides de jeunes qui se sentent homo. Je ne serais pas surpris que cela représente un quart des suicides de garçons entre 14 et 18 ans. Un jeune garçon qui sent monter son attirance pour d'autres garçons, qui en est honteux et incapable de le dire, de l'assumer, peut ressentir une telle violence envers lui-même qu'il peut décider d'en finir. Sur ce point, je dois dire que je n'hésite pas à « lénifier » en m'adressant aux ados. On est comme on est et on doit en être fier. Je pense que, dans l'ensemble, ils ont peu d'opportunités d'entendre ces mots-là. Or notre silence collectif et notre pudeur sur ces sujets coûtent des vies. Ne pas parler d'homosexualité à nos jeunes a des conséquences graves. C'est d'autant plus un enjeu de santé publique que certains ados préfèrent déclarer qu'ils sont trans plutôt que de dire leur attirance pour le même sexe. Il y a donc également un enjeu d'éducation des parents à accepter et accueillir la sexualité de leur enfant quelle qu'elle soit, sans jugement et sans remontrance. Aimer ses enfants, c'est souhaiter et tout faire pour qu'ils soient heureux.

J'aborde à ce moment-là en classe la question du genre. Qui n'a pourtant rien à voir avec l'homosexualité. Mais les deux sujets sont souvent confondus. De même, l'homophobie et la transphobie vont souvent de pair. Je m'efforce de lutter contre ces amalgames en donnant un maximum d'informations sur les troubles de l'identité de genre, que l'on appelle aussi dysphorie. En tant que gynécologue, j'ai eu une seule fois à traiter un homme trans, il y a trente ans. J'étais chef de clinique, un soir de garde, quand on m'appelle dans le service de médecine voisin. Dans la salle de consultation, un homme assis, de 50 ans, très anémié car il avait un fibrome qui saignait abondamment, une tumeur de l'utérus de 3 kg, bénigne mais très hémorragique. Je lui propose, après l'avoir examiné, un transfert en service de gynécologie, qu'il accepte mais à condition que ce soit discret et anonyme. Il craignait que son entourage ne découvre sa transidentité. Le soir même quand je passe le voir dans sa chambre, il me demande si je peux lui enlever les seins en même temps que le fibrome. Il les bandait depuis des années. J'ai discuté avec lui longuement et j'ai accepté ce qu'il considérait comme un premier pas dans sa transition.

Il voulait aussi que je modifie les lobes de ses oreilles car ils avaient été percés quand il était petite fille. J'ai été son médecin pendant vingt ans, il revenait tous les mois pour que je lui fasse des injections d'hormones mâles. Il portait une moustache. Il avait eu un mal fou à obtenir des papiers avec son prénom d'homme. C'était René, depuis ses 18 ans. Parce que, disait-il, il était re-né. Il me racontait qu'il ne draguait que des femmes mariées mais qu'il ne passait jamais à l'acte avec elles, prétendant vouloir leur éviter de commettre un adultère. D'ailleurs, je pense qu'il n'avait jamais eu de rapport sexuel. Pour finir, il n'a jamais achevé sa transition. Il m'a appris beaucoup sur les personnes trans. Il avait envie d'être regardé comme un mec et il agissait comme tel. Son métier de livreur de caisses de bière l'aidait à être perçu comme un homme et cela avait, à ses yeux, une importance primordiale. J'ai aidé René autant que je l'ai pu, mais j'ai souvent eu l'impression que sa vie avait été gâchée d'un bout à l'autre par toutes les avanies qu'il avait pu rencontrer sur son chemin et par cette quête sans fin.

Je ne raconte pas cette histoire en classe. Et lorsque j'aborde le sujet du genre, je fais en sorte de ne pas mélanger le choix de l'objet sexuel auquel nous sommes tous confrontés et le problème de l'identité qui n'a rien à voir, me semble-t-il, avec la sexualité et qui est heureusement beaucoup plus rare. D'ailleurs, parmi les transgenres, il y a des homos, des hétéros et des bisexuels. Le choix de leur objet sexuel n'est pas lié à leur démarche d'affirmation d'identité. Souffrir de dysphorie de genre, c'est penser : je ne me sens pas bien dans mon corps, il y a une incongruence entre ma psychologie et mon anatomie. Il ne s'agit pas de nier la biologie et donc le sexe qu'on ne peut pas changer mais de choisir d'apparaître dans un sexe opposé au sien, soit par les habits (travestis), soit par les apparences, soit même par l'anatomie corrigée. On ne peut pas changer de sexe mais on peut tout faire avec le genre. Pourquoi observe-t-on aujourd'hui une augmentation si importante des demandes de transition ? La question se pose. Les questionnements et les angoisses de certains jeunes sont parfois exploités par des militants qui n'hésitent pas à utiliser la censure, l'invective, l'affirmation dogmatique. Ils ne sont évidemment pas dans une démarche scientifique ou médicale mais dans une lutte pour avoir le droit de ne pas être discriminés d'une part mais aussi pour rallier le plus de monde possible à leur cause. Ce militantisme tourne parfois au fascisme, quand le moindre mot peut déclencher la colère et que tout débat sur le sujet est étouffé de manière plus ou moins violente. Cet activisme veut faire disparaître la notion biologique de sexe. Il y a deux sexes en biologie pour les 8 000 espèces de mammifères. Il y a un sexe qui émet des ovules et l'autre qui émet des spermatozoïdes ; même les escargots hermaphrodites se reproduisent avec un autre escargot alors qu'ils auraient la possibilité de s'autoreproduire. Ce déni de la biologie déclenche beaucoup de controverses. Qu'un individu porteur de chromosomes masculins se sente mieux en adoptant le genre féminin ne pose aucun souci. Mais nier la dichotomie des sexes est un fantasme. Un homme ne pourra jamais porter un enfant, ni une femme émettre des spermatozoïdes. Ces faits biologiques ne changeront pas. Ce déni s'explique peut-être par le fait que nous vivons à une époque où l'on veut tout contrôler, maîtriser, et que les assignations quelles qu'elles soient apparaissent comme insupportables à certains.

Le rôle des médecins est d'anticiper sur le plan bioéthique. Concernant les mineurs il est compliqué d'obtenir des chiffres, mais on estime qu'ils sont en France quelques dizaines traités par des hormones bloquant la puberté pour dysphorie de genre. Ce que je pense, et mon avis est partagé par de nombreux confrères, c'est qu'il ne faut pas faire de geste irréversible sur ces jeunes patients (opérations chirurgicales ou traitements hormonaux pour bloquer la puberté). La psychologie d'un adolescent évolue, il peut confondre des pulsions sexuelles, du désir, avec des troubles d'identité. Les demandes de consultations dans les services spécialisés se multiplient, le parcours de soins est long et encadré, en tout cas en milieu hospitalier. Cette augmentation est sans doute liée à une libération de la parole sur ce sujet, amplifiée par les réseaux sociaux. Cela concerne une très petite partie de la population, mais il faut faire attention aux adolescents, à leur souffrance, prendre le temps d'identifier correctement ce qui les traverse. Je considère comme sacré le corps d'un enfant avant ses 18 ans. Et j'ai les mêmes réserves sur la circoncision. Toucher à un mineur sans raison médicale et sans lui demander son avis me pose un problème. D'autant plus quand c'est un signe religieux indélébile imposé par les parents. Après 18 ans, j'aurais tendance à recommander aux personnes trans de se faire aider dans leurs décisions par des professionnels aguerris et de ne pas se précipiter non plus avant de se lancer dans une réassignation car les gestes sont irréversibles et que les regrets tardifs sont infiniment douloureux. Ces réserves et prudences médicales sont dénoncées par les militants les plus radicaux, mais le corps médical ne doit pas se laisser impressionner. Il est indéniable qu'une partie des personnes trans a des troubles psychiatriques lourds et que leur dysphorie est consécutive de cet état. Ce qui ne veut pas dire qu'il ne faut pas les accompagner dans leur transition. Au contraire. Les opérations des parties génitales ont lieu en France chez des personnes majeures. Ce ne sont pas des gestes chirurgicaux faciles. Une cinquantaine de chirurgiens se sont spécialisés dans ces procédures. Pour une femme souhaitant devenir un homme, on enlève ses seins, son utérus et ses ovaires et on crée avec les corps caverneux du clitoris une verge. Pour un homme souhaitant devenir une femme, on crée des seins et on enlève ses organes génitaux en utilisant leur peau pour créer un vagin artificiel. Les traitements hormonaux doivent être pris à vie et la stérilité ainsi que la fréquente absence de jouissance sexuelle en sont souvent les conséquences.

On me pose souvent des questions en classe sur les transgenres. Les jeunes sont tous allés voir la section « trans » des sites pornographiques et pensent avoir une idée de ce que ça implique. Ma posture est de dire qu'il y a des gens qui estiment que leur sexe anatomique ne correspond pas à ce qu'ils ont dans la tête, et leur image identitaire en souffre. Ils ne seront heureux que lorsqu'ils auront mis en alignement ce qu'ils ont dans la tête et leur sexe anatomique. Je ne manifeste évidemment ni approbation ni désapprobation. J'avais une réticence sur l'obligation de subir une opération pour pouvoir légalement changer de prénom et de genre. Mais la loi a évolué sur ce point et l'on peut désormais changer d'état civil sans être opéré. Je suis favorable à ce qu'un majeur puisse se faire inscrire comme « neutre » à l'état civil. Plusieurs pays ont accepté qu'il y ait trois genres possibles sur les papiers d'identité : féminin, masculin et neutre. Cela concerne ceux qui n'acceptent ni l'appellation féminine ni l'appellation masculine. On dit également qu'ils sont non binaires. En France ce n'est pas possible. J'ai rencontré un homme de 60 ans, né avec une ambiguïté sexuelle, ne se sentant ni homme ni femme, qui avait obtenu du tribunal, en première instance, d'être considéré de sexe « neutre ». Puis ça a été retoqué en appel. La France est pour l'instant trop conservatrice et n'est pas prête à ça. Pourtant, cela aiderait beaucoup de gens souffrant de ces troubles de l'identité et ce ne serait pas une énorme entorse aux principes de notre pays que de décréter que le sexe neutre existe.

Quand j'étais jeune médecin et qu'un enfant naissait avec une malformation sexuelle, c'est-à-dire des organes sexuels mal formés, on faisait le point en trois jours en étudiant les chromosomes, les hormones, les gonades, puis on décidait d'une assignation. Plusieurs fois, à l'époque, j'ai assisté à des assignations féminines avec comme argument qu'il était plus facile chirurgicalement de faire du bébé une fille qu'un garçon. Cela a existé, il y a trente ans. Il y a eu des conséquences juridiques à ces décisions prises par les médecins et les parents, des plaintes déposées contre l'État et les hôpitaux par ces bébés devenus grands. Aujourd'hui, face à ce type de malformation à la naissance, heureusement rarissime, on intervient a minima et on attend d'avoir le consentement de l'enfant pour aller dans un sens ou dans l'autre. C'est très compliqué. Il existe une vingtaine de maladies telles que l'hyperplasie des surrénales ou l'insensibilité des récepteurs tissulaires aux hormones mâles, rares, qui peuvent entraîner ces ambiguïtés sexuelles. Le cas le plus fréquent, chez environ 6000 naissances par an, est un excès d'hormones mâles qui allonge le clitoris et lui donne une forme de verge, non dotée d'un canal urinaire. Dans cette situation, les parents demandent au chirurgien d'intervenir le plus vite possible pour réduire l'hypertrophie clitoridienne. Une discussion a lieu entre pédiatres, psychologues et chirurgiens avant que la décision ne soit prise., toujours dans un centre de référence. Plus personne ne fait les choses dans l'urgence. Quand on repère une anomalie d'organes génitaux pendant la grossesse – une grossesse sur 20 000 environ – et qu'on l'annonce aux parents, ils demandent quasi tous une interruption médicale de grossesse. Ils s'imaginent que l'enfant à naître va être malheureux, différent, ou même retardé. Ce sont des peurs irrationnelles. Il y a aussi des cas, détectés in utero, d'incongruence entre les chromosomes et le phénotype. C'est-à-dire que sur le caryotype d'un fœtus – que l'on réalise quand on teste la trisomie –, on observe des chromosomes XY, mais on voit un sexe de fille à l'échographie. C'est le syndrome de la résistance aux androgènes. L'enfant à venir n'est pas réceptif aux androgènes si bien qu'il va se développer avec une morphologie de fille. Ce diagnostic ne donne pas lieu à une IMG car ce sont des filles normales, avec des chromosomes de garçon. On peut aussi le découvrir à la puberté quand il y a une absence de règles. Pour certains, cette découverte ne les perturbe pas, pour d'autres c'est plus difficile de savoir que leurs cellules sont masculines et c'est un grand désarroi psychologique. Je n'aborde pas ces pathologies complexes en classe. En revanche, je dis aux élèves que l'on a tous en nous une part de féminité et de masculinité. Et j'ajoute que l'on devrait encourager les garçons à montrer leur féminité, car c'est une bonne partie d'eux-mêmes. Pareil pour les filles qui ne devraient pas se gêner d'afficher une certaine forme de masculinité. Il faut combattre à l'école les stéréotypes de genres. Traiter un garçon de fillette quand il pleure, c'est minable et ça a des effets délétères. Le terme « dégenrer » est de plus en plus utilisé. Effet de mode sans doute, mais si cela veut dire enlever les attributs sociaux attribués à la masculinité et à la féminité, je suis pour.

Il faut distinguer pour bien comprendre cette complexité, qui a toujours existé mais dont on parle désormais beaucoup plus librement et c'est bien ainsi, le sexe et le genre. Le sexe renvoie à la nature humaine, c'est une réalité biologique. Il n'y a que deux sexes. Le genre renvoie à la culture où peuvent se construire d'autres règles que celles de la première nature. Il peut y avoir mille genres. Ces deux réalités sont complètement différentes et la notion de sexe ne peut être remplacée par la notion de genre. Il n'y a donc pas à choisir l'une contre l'autre mais à les combiner pour comprendre notre condition humaine.

Le sexe est une donnée matérielle, physique, assignée avant la naissance d'une personne par ses chromosomes hérités au hasard de la combinaison de ceux des parents. Lorsqu'on est porteur du gène SRY[2], les organes que l'on aura physiquement sont des testicules, une prostate et une verge, et les hormones que l'on produira principalement au niveau des testicules sont des

2. *Sex-determining Region of Y chromosome* situé sur le bras court du chromosome Y en position Yp11.31 selon la cartographie génétique. C'est un gène architecte qui transforme les gonades en testicules. Si vous avez un gène SRY, où qu'il se trouve, vous êtes un homme avec des testicules. Sinon, vous êtes une femme. Il existe de très rares cas de mâles XX dus à une translocation du gène SRY sur un embryon féminin et de femmes XY qui ont un gène SRY non fonctionnel pour une raison ou une autre. On sait peu de chose pour l'instant sur les gènes qui pilotent la différenciation des ovaires. Mais la recherche en génétique est très active et progresse.

hormones mâles qui modifient, dès la vie fœtale, de nombreux organes sensibles à ces hormones. Lorsque les chromosomes ne comportent pas le gène SRY, les organes sont des ovaires, un utérus, un vagin et une vulve et les hormones produites sont principalement des hormones femelles. Mais les mâles produisent un peu d'hormones femelles et les femelles produisent un peu d'hormones mâles. Ces hormones sont toutes nécessaires au fonctionnement harmonieux de nos organes. Quand il y a trop de production d'hormones mâles chez une femme, c'est une pathologie qui se soigne. Quand les organes ne sont pas réceptifs aux hormones, c'est également une pathologie, heureusement rare, beaucoup plus difficile à soigner. Certaines personnes – très peu nombreuses, entre 1 sur 5 000 et 1 sur 50 000 naissances – sont dites intersexes car elles présentent une pathologie de la différenciation sexuelle résultant d'accidents génétiques avec sécrétion anormale d'hormones, opposées à leur sexe génétique, qui perturbent la formation de leurs organes sexuels et donc toute leur vie. Certaines de ces pathologies se soignent. D'autres non.

Les êtres humains ont la particularité de parler. Ils peuvent dire qu'ils estiment ne pas être tombés du bon côté de la loterie génétique à la naissance. On peut naître femme et se dire ensuite qu'on aurait préféré être un homme ou qu'on se sent un peu ou beaucoup homme. Et le contraire. Nous pouvons donc contredire par notre parole notre réalité biologique et c'est notre droit de sujet parlant. Quand on contredit notre réalité biologique, on a deux solutions : on ne dit rien à personne et ce silence peut faire souffrir ; ou l'on dévoile d'une manière ou d'une autre sa contradiction et il y a mille manières de la révéler aux autres.

Sur la base de la différence sexuelle biologique et réelle s'élève donc un autre ordre psychologique, sociologique et culturel qu'on appelle le genre.

Il y a la nature qui fait qu'on est tous mâle ou femelle. Cette nature est complétée chez l'homme par la culture qui parachève chacun d'entre nous. Chacun se cherche… et se trouve éventuellement. Et beaucoup restent dans le doute. Tragique beauté de l'existence humaine.

Nous vivons (et sommes hommes ou femmes) et nous parlons (et pouvons jouer le rôle qui nous sied le mieux en fonction de notre roman familial ou personnel, quitte à en changer si nous trouvons mieux).

Une autre réalité se juxtapose à cette dualité sexe/culture et s'entrelace avec elle, augmentant la difficulté de comprendre les choses : c'est celle du choix de l'objet sexuel. Notre bisexualité de départ nous appelle tous à prendre place dans la « voiture » soit à la place assignée par notre biologie, soit à une autre place.

Chacun d'entre nous est attiré sexuellement et/ou affectivement par d'autres personnes qui peuvent être de l'autre sexe, du même sexe ou les deux. Plus personne aujourd'hui ne considère les personnes homosexuelles ou bisexuelles comme des pervers ou des malades (comme la médecine le faisait il n'y a pas si longtemps). Ce choix sexuel n'est en fait pas un vrai choix car l'attirance ne se commande pas. Tout au plus, chacun peut essayer de comprendre son attirance, peut éventuellement essayer de la contrer, mais dans son for intérieur, chacun sait. Même s'il ne veut pas l'exprimer publiquement. Même si les contraintes familiales ou sociétales le forcent à se taire. On met parfois du temps, à l'adolescence (et même plus tard dans la vie) à savoir définir exactement ses attirances car celles-ci peuvent être changeantes tout au cours de la vie. Le mal-être est là qui nous questionne : qui suis-je ? Comment se fait-il que je suis attiré par les personnes de mon sexe ? Mais il s'agit là de notre vie intime et secrète qui ne regarde personne. Sauf si on a envie de la révéler. Chacun se débrouille avec son sexe, avec son genre et avec ses attirances.

La sexualité est toujours singulière. Personne n'a rien à en dire et tout est normal à condition qu'on ne prive pas l'autre de la liberté de son corps.

L'être humain est donc nécessairement mâle ou femelle, mais comme il parle, il peut signifier, secrètement ou publiquement, qu'il accepte ou non les conséquences psycho-socio-culturelles de son état biologique. On peut varier à l'infini les façons de signifier qu'on n'est pas celui ou celle qu'on croyait. Il y a mille façons de s'afficher et mille façons de s'épanouir dans le genre de son choix.

Le sexe biologique relève donc du réel. Le fait que les humains doivent se débrouiller comme ils le peuvent avec cette donnée, qui ne leur convient pas toujours, cela s'appelle le genre. Le genre est donc une donnée psychologique, sociale et culturelle. Pas une donnée biologique. Et l'orientation sexuelle peut être corrélée avec le genre, mais pas forcément. Ceux qui disent « il n'y a que le sexe » se trompent tout autant que ceux qui disent « il n'y a que le genre ». Les deux ont toujours coexisté dans l'espèce humaine.

On peut choisir son genre mais on ne peut pas choisir son sexe.

# 4

La masturbation est un phénomène général dans l'espèce humaine. Personne n'y échappe (pas même ceux qui nous interdisent de la pratiquer) et ce depuis la toute petite enfance. Aborder ce sujet devant une classe d'adolescents entraîne inéluctablement un profond malaise perceptible par les rires et les échanges gênés entre les élèves. On peut les mettre à l'aise en leur disant qu'ils peuvent tranquillement regarder leur voisin de gauche ou leur voisine de droite : « Il s'est masturbé et elle se masturbera. » On est ainsi à égalité dans la gêne collective. Pourquoi se masturbe-t-on ? Eh bien parce que cela procure du plaisir de toucher ses propres organes génitaux.

Après avoir dit que tout le monde est concerné par la masturbation, il est intéressant de montrer que c'est la première occasion pour chacun d'entre nous de rencontrer notre premier interdit sexuel et le phénomène de culpabilité sexuelle.

« Un petit garçon court dans le salon en se tenant le zizi ; la première fois, sa mère fait semblant de ne pas voir, la deuxième fois elle se dit qu'elle ne devrait pas le laisser faire ; la troisième fois, dans le meilleur des cas, elle lui dit "va faire cela ailleurs mais pas devant tout le monde". Et dans le pire des cas, elle lui tape sur la main. » Chacun d'entre nous a vécu ce premier interdit de la masturbation infantile et le refoulement qui l'accompagne. Chacun d'entre nous a appris, plus ou moins délicatement, que si l'on veut se procurer du plaisir à soi-même, ça n'est possible qu'en se cachant des autres. C'est donc que c'est mal de se toucher les organes sexuels en public. Et cette éducation a plutôt bien fonctionné puisque la plupart d'entre nous ne le fait plus. C'est vrai qu'il y en a encore quelques-uns qui ne sont nullement gênés et continuent malgré les regards désapprobateurs. La masturbation est le premier des interdits sexuels et nous, les humains, en avons de nombreux autres qui nous permettent de vivre ensemble. On ne couche pas avec sa sœur ni avec ses parents, on cache notre vie sexuelle, on dissimule nos corps par pudeur, etc. Chez les animaux qui ne sont pas capables de dire ce qui est bien ou mal car ils n'ont pas accès au langage, la masturbation est encouragée par les parents, en particulier chez nos cousins les plus proches, les bonobos. Chez les bonobos, on se masturbe en famille le dimanche…

L'éducation peut limiter la masturbation d'une personne, voire l'inhiber complètement. Dans certaines familles très religieuses ou rigoristes, l'interdit est prononcé de manière si appuyée qu'il peut entraîner des troubles dans la vie sexuelle ultérieure. Car la découverte de son propre corps et de sa propre jouissance fait partie de la santé sexuelle et certaines pathologies (frigidité, vaginisme, impuissance) trouvent en partie leur cause dans les menaces faites pour empêcher la masturbation. Les médecins se sont longtemps rangés du côté des censeurs pour y ajouter des arguments médicaux, écrivant sans aucune preuve que la masturbation était à l'origine de nombreux maux. On sait aujourd'hui que tout cela est faux et qu'il n'y a aucune nuisance connue à la masturbation. Les questions des élèves à ce sujet sont nombreuses. Est-ce que le fait de se masturber trois fois par jour rend sourd ? NON. Est-ce que cela fait baisser les résultats scolaires ? NON. Est-ce que l'on peut avoir besoin du SAMU pour être réanimé parce qu'on s'est trop masturbé ? NON.

La masturbation fait partie de la vie sexuelle de tous les humains, plus ou moins inhibée par la culpabilité produite par l'éducation qui promeut, plus ou moins fort, les interdits sexuels. Elle n'a pas de nuisance connue et on ne peut pas en abuser. Si nous ne sommes pas les seuls à nous masturber sur cette planète, en revanche, nous sommes les seuls à en retirer une culpabilité, car nous sommes les seuls à parler. Comme tous les événements de notre vie sexuelle, la masturbation doit rester confidentielle et fait partie de notre vie privée, y compris face à nos partenaires sexuels qui n'ont pas à en connaître les détails.

# 5

Qu'est-ce qu'un orgasme ? La jouissance sexuelle est une notion trouble dans l'esprit des jeunes. Ils en ont entendu parler, mais ils ne savent pas ce que c'est. Pourtant tous l'ont déjà vécue. Ils prennent des airs indignés quand je dis cela... Ils ont 13 ou 14 ans et beaucoup n'ont pas encore eu de rapport sexuel. Cela n'empêche pas que dans leurs rêves ils ont fait l'expérience de la jouissance sexuelle. Les garçons s'en rendent bien compte quand ils retrouvent du sperme sur leurs draps (qu'ils essayent vainement de cacher pour ne pas que leur mère le voie). Dans la classe, ils se regardent en se marrant quand on évoque les pollutions nocturnes... Les filles aussi ont des orgasmes depuis l'âge de 9 ou 10 ans. Et pourtant personne ne vient toucher leur corps lors de ces rêves. L'organe du plaisir (et du désir aussi) n'est pas le sexe, c'est le cerveau. Être capable de jouir, c'est être capable de se raconter une histoire dans sa tête, faite de réminiscences infantiles, de mots obscènes, de fantasmes qui se mêlent aux sensations éprouvées par le corps pour donner un orgasme, c'est-à-dire un pic de plaisir. L'orgasme est un avatar du langage. Certains, d'ailleurs, n'accèdent jamais au plaisir et ce, pour des raisons psychologiques. On appelle cela la frigidité ou l'impuissance. Ces mots-là recouvrent des troubles que chacun peut connaître au cours de sa vie, des difficultés à se laisser aller vers ses fantasmes. Quand ça ne va pas au travail, quand on est fatigué, quand on a des soucis, on peut alors avoir des rapports sans jouissance, voire pas de rapports du tout. La jouissance n'est pas uniquement la conséquence d'un rapport sexuel. Pour ceux qui n'arrivent pas à jouir, le corps médical propose des thérapies fondées sur la psychanalyse. Il n'y a pas de pilule magique pour soigner ce trouble. Il faut s'allonger sur le divan. Souvent ça fonctionne, car on trouve le grain de sable qui grippe la machine psychique. Ce grain de sable peut être une souffrance enfouie, lorsqu'on a été victime de violences par exemple. Certains ne parviennent à jouir que dans leur sommeil, quand la partie consciente du cerveau est neutralisée et désinhibée. Ceux qui pensent qu'il faut faire toutes les positions du *Kamasutra* dans l'ordre alphabétique pour jouir n'ont rien compris. Ils risquent surtout de se tordre la cheville.

Parmi les questions anonymes posées en classe, beaucoup de garçons sont préoccupés par ce qui fait jouir les filles. Quelle est la meilleure position ? Y a-t-il un truc pour faire jouir une femme et en retirer un shoot de virilité ? Ils sont intoxiqués par la vision d'une sexualité de performance. Je leur réponds que la position n'a rien à voir avec la jouissance. Quand on a du mal à jouir, il ne suffit pas de changer de position. Cela me permet de vider de leur sens toutes les questions sur les techniques sexuelles. Ces techniques peuvent participer au plaisir, mais ce n'est pas fondamental. La preuve, on y revient, c'est qu'ils peuvent jouir sans que personne touche leur sexe. J'enchaîne sur la pornographie, qui donne une image de la sexualité sans aucun lien avec la réalité. Le porno est juste susceptible de leur faire du mal, et de leur laisser croire que le sperme jaillit à trois mètres quand on éjacule ou que les filles hurlent quand elles ont un orgasme. La question centrale qui occupe les garçons constamment peut se résumer ainsi : suis-je capable de faire jouir une fille ? Est-ce que je suis bon ? Et ils ne sont pas rassurés quand on leur explique qu'ils n'y sont pas pour grand-chose dans la jouissance d'une femme qui elle aussi doit gérer son psychisme et être capable de s'abandonner à son plaisir. La technique n'y est pour rien, ni la taille de leur sexe d'ailleurs. Parmi mes patientes, je recevais une femme en fauteuil roulant ayant subi une section de la moelle épinière en tombant à 3 ans d'un lit superposé. À 30 ans, elle trouve un compagnon, je les aide à concevoir un enfant par fécondation in vitro ; elle tombe enceinte, accouche par césarienne. Par la suite, elle souhaite me parler de sa sexualité. Elle me dit qu'elle ne peut rien ressentir en dessous de la ceinture, jusqu'aux pieds, qu'elle n'a donc aucune sensation sur ses organes sexuels. Et pourtant elle me raconte que son mari arrive à la faire jouir en touchant son épaule d'une certaine façon. À ce moment-là, les jeunes me regardent avec de grands yeux. Je leur dis que l'humain est capable de créer une histoire, du fantasme, une perception physique, jusqu'à arriver à la jouissance parce que, contrairement à ce qui est vendu dans le porno, l'organe du plaisir c'est le cerveau. La meilleure preuve en est que la pornographie sert essentiellement à se masturber. C'est un prêt-à-porter fantasmatique qui procure de l'excitation par l'exagération et la transgression des idées permettant de se masturber. Il est utile de dire cela aux jeunes, submergés par des images qui laissent entendre que c'est une question de performance, que plus le sexe est gros, plus la femme jouit. Ceux qui s'imaginent qu'avoir un pénis trop petit les empêcheront de satisfaire leur partenaire se trompent. Cela n'a aucune espèce d'importance. Pour les faire rire, je leur dis qu'il est inutile de faire passer une annonce « garçon avec moto et gros zizi cherche copine », ça ne fera venir personne. Leurs futures partenaires accorderont plus d'importance à la taille de leur cerveau, à leur capacité à être gentil, à avoir de l'humour. Très peu lèvent la main à ce moment-là pour poser une question, car c'est se dévoiler que de s'interroger. Beaucoup, par écrit, demandent des informations sur la couleur du sperme, sa transparence, parce qu'ils ont vu autre chose sur les vidéos de YouPorn. « Est-ce que ça fait plaisir d'éjaculer sur le visage d'une femme ? » Tout cela vient de la pornographie, rares sont les hommes qui fantasment réellement sur ces actes. L'éjaculation faciale, par exemple, permet à l'industrie du porno de faire d'une pierre deux coups : montrer l'humiliation de la femme et la jouissance masculine. Je leur explique cela. J'ajoute que la pornographie, comme la drogue, est toxique. Ces vidéos véhiculent de fausses idées et développent des complexes, voire des angoisses, sur la taille du sexe et la performance physique. Aux filles, cela montre qu'elles doivent être soumises à la virilité masculine. Ça ne correspond en rien à la réalité et à ce qu'ils vont vivre. Ces images les choquent autant qu'elles les excitent, et c'est la rencontre de ces deux émotions qui crée l'addiction. Quand on a ses premiers orgasmes en regardant de la pornographie, on peut en devenir dépendant pour son érection. Cela arrive à pas mal de garçons, surconsommateurs de porno et particulièrement agressifs vis-à-vis des filles qu'ils n'estiment pas à la hauteur de ces images. Presque toutes les questions posées par écrit ont en commun de s'inspirer de ce qu'ils ont vu dans la pornographie. Je suis vite arrivé à la conclusion que parce que nous n'éduquons pas nos enfants, le porno le fait à notre place. À partir de 13 ans, ils en ont tous visionné, chez eux ou entre copains. Le seul moyen de protéger la jeunesse de cette industrie qui désinforme et favorise les violences et le mépris des femmes serait de faire respecter aux fournisseurs d'accès à Internet (FAI) la loi sur la protection des mineurs. Les milliardaires du Net s'en affranchissent. La loi, ils n'ont pas besoin de la respecter, eux, ceux-là mêmes qui dans la Silicon Valley inscrivent leurs enfants dans des écoles n'ayant pas accès à Internet. Ils savent à quel point ces images peuvent faire du mal. Mais c'est en train de bouger. Emmanuel Macron a agi sur ce sujet au début de son premier mandat. Il faut abroger cette loi ou la faire respecter strictement. Lorsque les patrons des FAI disent ne pas pouvoir surveiller toutes les images mises en ligne par eux, je leur réponds qu'ils n'ont qu'à fermer les sites concernés. Ce n'est pas normal que nos enfants puissent avoir accès gratuitement à des images de zoophilie tournées en Californie. Ce qui a été mis en place, c'est l'obligation de donner son âge avant d'accéder au site : il suffit de cocher une case « plus de 18 ans ». C'est se moquer de nous. Je pense nécessaire qu'un numéro de carte bleue soit obligatoirement requis avant la diffusion de la première image. Cela limiterait l'accès des mineurs. Il faudrait légiférer pour sanctionner par des amendes dissuasives et des interdictions de diffuser sur le territoire les fournisseurs qui laissent voir ces images à des mineurs sans s'inquiéter de qui les regarde. Si un groupe de presse ou un éditeur vendait de la pornographie à des gamins, il irait en prison tout de suite ! Pourquoi les milliardaires du Net échappent-ils à la loi ? Nous avons les moyens de les contrôler, comme on le fait pour la pédopornographie et le djihadisme. Aucun parent n'a envie que son enfant découvre la sexualité avec des scènes si violentes. Et il y a un enjeu féministe important car la pornographie dégrade l'image des femmes, c'est un apprentissage du non-consentement. Les garçons se disent ensuite qu'ils peuvent se « servir », que celles qui disent non vont changer d'avis pendant l'acte, surtout s'ils sont virils...

Les gouvernements successifs assurent qu'ils vont agir mais le puissant lobbying des grandes sociétés du Net est pour l'instant plus efficace qu'eux... Les politiques sont réticents parce qu'ils ne veulent pas se mettre à dos les très nombreux amateurs de pornographie. Ils négligent leur responsabilité envers les mineurs et ne combattent pas la brutalité de ces images où les acteurs et actrices sont souvent maltraités lors des tournages. Il est vrai que les systèmes de vérification que l'on pourrait mettre en place sur ces sites risqueraient de faire diminuer la clientèle de ce marché fort juteux. Les internautes craindraient sans doute qu'on les repère, et même 25 % de clics en moins représenteraient des milliards perdus pour cette industrie. Tant qu'on n'empêche pas les enfants d'accéder à ces images, les comportements violents augmenteront et les « fake news » se propageront avec leur lot d'angoisses. Les relations hommes-femmes de la génération qui vient sont polluées par ce libre accès à la pornographie. Là encore, c'est un enjeu politique crucial, d'autant plus que 100 % des parents souhaitent qu'on les aide à protéger leurs enfants.

Il est important d'aborder la question de la virginité. Quand j'annonce ce sujet, il n'y a plus un bruit dans la classe. L'attention est à son paroxysme. Pour beaucoup, c'est une valeur primordiale. J'en suis désolé d'ailleurs. Est-ce la montée de l'intégrisme et la puissance des poncifs religieux ? L'égalité hommes-femmes passe par la compréhension de ce qu'est la virginité. L'exigence de rester vierge imposée dans certaines familles a des conséquences importantes et permet de justifier la surveillance des filles et des sœurs.

Une définition, pour commencer : est vierge tout garçon ou toute fille qui n'a jamais eu de rapport sexuel. Pour un imbécile, on l'a dit, la virginité se situe au niveau du sexe. Or, une fille sur deux à la naissance n'a pas d'hymen, cette membrane qui se trouve à l'entrée du vagin, ou son hymen est tellement élastique qu'il ne se rompra pas lors du premier rapport mais seulement lors du premier accouchement par voie basse. Est-ce que cela veut dire qu'une fille sur deux n'est pas vierge à la naissance ? Non. Le fait de ne pas saigner lors du premier rapport ne veut pas dire que l'on n'est plus vierge. Soit le garçon avait un trop petit pénis pour déflorer, ou une érection trop faible, soit l'hymen était absent ou trop élastique. Je leur demande : est-ce qu'une femme qui a des rapports par l'anus est vierge ? Non, répondent-ils. Pourtant son hymen est intact. Une femme qui fait des fellations, est-elle vierge ? Non, répondent-ils. Et pourtant elle conserve son hymen également… Certaines ne pratiquent le sexe qu'ainsi car rien n'a plus de valeur à leurs yeux que leur hymen. Je ne le leur reproche pas, je dis simplement qu'elles ne sont plus vierges, même si leur hymen est intact. J'ai beaucoup réfléchi à la manière d'aborder cette question culturelle importante, la virginité exigée avant le mariage. Les pratiques qui ont lieu dans certains pays me semblent utiles à décrire. Il y a des pays où, le soir de la nuit de noces, on emmène la mariée se faire examiner au préalable pour vérifier qu'elle est bien vierge. Un médecin écarte les petites lèvres et cherche à voir l'hymen qui d'ailleurs est souvent difficile à voir. Personne n'est capable de dire de manière certaine s'il est intact ou pas. Cet examen forcé s'apparente de mon point de vue à un viol et les femmes sont obligées de s'y soumettre si elles ne veulent pas éveiller le soupçon sur elles. En France, c'est interdit. Mais dans certaines familles, un certificat de virginité est demandé avant l'union. C'est traiter les femmes comme des objets, comme des êtres n'ayant pas le choix, ne pouvant pas donner leur avis, et dont la parole ne vaut rien. Elle a beau dire qu'elle n'a jamais eu de rapports, on le vérifie tout de même. Dans d'autres pays c'est encore pire, on expose le drap taché de sang au lendemain du premier rapport. Et s'il n'y a pas de sang, l'épouse est répudiée (après avoir été essayée). Pour éviter ce scandale, les mères fournissent souvent du sang animal à leurs filles afin de ne pas risquer la répudiation. Dans ces pays, on ne vérifie jamais la taille du sexe des garçons, qui peut pourtant être responsable de l'absence de saignement ! Pourquoi ? Parce qu'il en va de l'honneur des hommes... L'honneur, qu'est-ce que c'est ? Pour moi, c'est notre manière d'être, d'entrer en relation avec autrui, de se préoccuper de l'autre, d'être honnête. Mais si ma femme me trompe avec le voisin, en quoi est-ce que cela bafoue mon honneur ? Si ma fille couche avec un copain, en quoi cela atteint-il mon honneur ? L'honneur des hommes ne se trouve pas entre les cuisses des femmes. En général, il y a peu de réactions dans la classe. Je simplifie pour qu'ils comprennent et entendent ces arguments. Je parle aussi des femmes issues de familles croyantes, musulmanes la plupart du temps, qui veulent « refaire » leur virginité. J'en ai reçu plusieurs à l'hôpital et je le raconte aux élèves. Elles demandent une réfection hyménéale en perspective d'un mariage – souvent arrangé, voire forcé – alors qu'elles ne sont plus vierges. Je leur dis toujours la même chose : « Je vais vous donner tout ce qu'il faut pour que ça saigne lors de la nuit de noces, mais je ne pratiquerai pas de chirurgie sur votre vulve pour ça. » D'abord parce que tout geste chirurgical peut avoir des conséquences, et aussi parce que ce serait mentir. Pour tromper qui ? Dieu ou un homme ? On ne peut pas mentir à Dieu qui sait tout. Alors, si c'est juste pour tromper un homme, autant s'y prendre autrement. Cet argument, chez les plus traditionnelles, fonctionne. Lorsque ce sont des femmes menacées, je les aide autant que possible, mais je ne les opère pas. Certains gynécologues dans certains pays le font, grassement payés, ça les regarde. Il y a eu des débats houleux entre médecins, certains estimant qu'il ne faut pas interdire ces interventions capables selon eux de sauver la vie à des femmes. En tant que président du collège des gynécologues français, je me suis exprimé sur le sujet, j'ai publié une tribune dans *Le Monde*, j'ai milité pour que l'on fasse du certificat médical de virginité un délit. C'est désormais passible d'amende. Les médecins qui tirent profit de ce malheur peuvent dorénavant être pénalisés.

Je continue en expliquant que toutes ces règles et ces interdits imposés aux femmes ont été inventés par les hommes quand ils ont compris qu'un enfant naissait neuf mois après un rapport et qu'ils ont alors voulu s'assurer que ces bébés, mis au monde par leurs épouses, étaient bien les leurs. Une demande légitime. Mais de cette découverte scientifique, complexe, découlent toutes ces « lois » sur la pureté, présente dans toutes les religions et dont les interprétations sont l'un des socles du patriarcat. Si l'on veut suivre ces règles, il faut qu'elles soient imposées aux hommes autant qu'aux femmes. Les lois de la pureté doivent s'imposer aux hommes également. Il n'y a aucune raison qu'ils puissent courir à droite et à gauche alors que les femmes, elles, doivent rester vierges. Ces réflexions, les ados ne les entendent pas à la table familiale. Et les enseignants n'ont pas le temps d'aborder ces notions avec eux. Or c'est capital de les leur transmettre. La première étape de la perte de liberté des femmes, c'est le fait d'être examinées, d'être vérifiées, d'avoir une valeur en fonction de leur virginité. On a le droit de regarder sous la queue d'une vache avant de l'acheter pour voir si elle est en bonne santé. On n'a pas le droit de regarder entre les jambes d'une femme avant de l'épouser pour vérifier qu'elle est bien vierge. Et je responsabilise les filles auprès de qui je m'adresse dans les écoles. Elles n'ont pas à accepter de telles pratiques. Je les culpabilise peut-être mais je le fais délibérément pour qu'elles soient maîtresses d'elles-mêmes et de leurs corps. Il y a longtemps, dans mon service à Strasbourg, quand une mère m'amenait sa fille et me demandait un certificat de virginité, je la faisais sortir de la salle d'examen. Je m'entretenais avec la jeune patiente. Et sans l'examiner, je délivrais le certificat. Mais un jour, un garçon est arrivé furieux dans le service. Il avait eu des rapports avec la fille avant que nous attestions de sa virginité, et voulait en tirer profit auprès des parents pour la contraindre au mariage. Quand il a vu le certificat, il savait donc qu'on avait menti et est devenu fou de colère. On a réalisé qu'en voulant aider ainsi les filles, en délivrant des faux, on les maintenait sous le joug des hommes. J'ai dès lors interdit tout examen qui n'ait pas une justification médicale.

La discussion sur la virginité en classe introduit deux valeurs fondamentales et républicaines, valeurs dont nous devons être fiers et que nous devons défendre car elles constituent un socle commun à notre vivre-ensemble :

— La femme est l'égale de l'homme en tout et y compris en matière de sexualité, librement choisie par elle en toute confidentialité et sans avoir de compte à rendre à personne. Le contrôle du corps des femmes par les hommes, une donnée immémoriale du patriarcat, c'est terminé.

— Les lois de la République, qui s'imposent à tous, passent devant les lois de Dieu que l'on peut s'imposer à soi-même dans l'intimité de la vie privée et si on en a envie. Ce dernier principe entraîne toujours un certain remous dans la classe, une forme de désaccord. Avons-nous suffisamment insisté sur l'importance du respect de nos valeurs ? En sommes-nous assez fiers ? La discussion sur la virginité, obligation fortement asymétrique, est une excellente opportunité, aussi bonne que la discussion sur le blasphème qui reste licite en France, de mettre en exergue nos valeurs dont il faut être fiers. Elles sont belles et nous permettent d'avoir la vie libre à laquelle nous tenons tant.

Un autre a priori sexiste est extrêmement répandu et doit être combattu pour que l'égalité hommes-femmes progresse : c'est l'invention masculine de l'instinct maternel. L'instinct maternel n'existe pas. Que des professionnels du soin en parlent peut constituer une véritable maltraitance envers les mères. Exemple d'un instinct : les moineaux qui font un nid de la même manière depuis dix mille ans, sans avoir jamais vu un autre moineau le faire. Ils trouvent les bonnes brindilles et construisent un nid de la taille adéquate, toujours le même, depuis la nuit des temps. C'est donc un ensemble de comportements complexes engrammés génétiquement. Un poulain à la naissance se lève et va à la mamelle de sa mère. On parle d'instinct pour des comportements élaborés constants et communs à toute une espèce. Il n'y en a pas dans l'espèce humaine. Il y a des réflexes, en revanche. Par exemple, le réflexe archaïque que le bébé conserve durant trois ou quatre mois : faire des pas quand on le tient debout. Il y en a d'autres, testés par les pédiatres à la naissance, issus du cerveau très profond et qui disparaissent. Quand l'humain naît, son cerveau continue à se développer dans les trois ou quatre années qui suivent, en fonction de l'environnement extérieur, des gouzi-gouzi de sa maman, des berceuses, de la manière dont on le touche, dont on lui parle. Mais le bébé n'a aucun instinct, le fait même de téter est un réflexe qui survient quand on lui met quelque chose dans la bouche. Nous, les humains, sommes les plus immatures des mammifères. Pour des raisons génétiques. Deux phénomènes concurrents se sont produits dans l'évolution humaine : le redressement de la bipédie qui a rendu le bassin des femmes oblique, et l'augmentation génétique de la taille du cerveau par des mutations successives. Cela a entraîné la nécessité d'accoucher de manière prématurée pour que la tête puisse passer par le bassin. Si le bébé avait attendu le même degré de maturité qu'un poulain pour naître, jamais il n'aurait pu sortir du ventre maternel. La sélection naturelle a sauvé l'humanité en provoquant un accouchement très prématuré. L'humain naît hyperprématuré en termes de compétences. Le nourrisson ne sait rien faire : si on ne lui parle pas, si on ne le touche pas, il meurt. Il a fallu des mères très protectrices pour que l'espèce humaine survive dans ce monde de prédation. Avant 4 ans, l'être humain est incapable de se nourrir ni de faire quoi que ce soit seul. C'est la patience de nos mères qui explique la survie de l'espèce humaine. La culture a prévalu sur la nature. Tous nos instincts sont effacés, écrasés par le phénomène culturel. Nous sommes des êtres de langage parce que nous sommes construits physiquement, dans notre anatomie cérébrale intime, par les mots de notre mère. Nous sommes d'ailleurs très démunis du point de vue de la nature, sans poils pour se protéger du froid, sans dents assez longues pour tuer nos proies. Notre seul avantage, c'est la parole qui nous donne une précision infinie dans la communication et donc une immense capacité d'adaptation. Nous sommes les seuls à pouvoir vivre à l'équateur et au pôle Nord. Aucun animal n'est capable de cette adaptation. Nous naissons avec un disque dur vierge qui se remplit dès le premier jour de vie (même in utero déjà) par les bruits et les sensations. L'instinct maternel est une construction masculine sexiste. « Tu te rends compte, elle entend le bébé pleurer la nuit, quand moi je n'entends rien », disent les pères. Ce qui est sous-entendu dans ce type de phrase, c'est que les hommes seraient des êtres de « pure » culture et les femmes, elles, seraient plus proches de la nature… La maternité aussi est une adoption, comme la paternité. Il y a des pères qui adoptent leur enfant quand ils le voient sur l'échographie, d'autres quand il sort du ventre, d'autres encore quand ils peuvent jouer au foot avec lui, et certains ne l'adoptent jamais. Ce que l'on a compris depuis peu, grâce à la psychanalyse et à l'expérience clinique, c'est que c'est aussi le cas pour les mères. Pour elles c'est encore plus difficile car ce n'est pas ce que la société attend d'elles. Gare à la mère « défaillante », à celle qui ne veut pas allaiter, à celle qui ne veut pas garder son bébé près d'elle toute la nuit. Dans notre société, la « bonne mère » devrait tout faire et tout comprendre. Le déni de grossesse fournit l'exemple d'une adoption qui n'a pas eu lieu. Dire que l'instinct maternel n'existe pas choque encore beaucoup de professionnels de santé. Pour la plupart des femmes l'adoption commence dès que le test de grossesse est positif. C'est ce qu'on appelle la grossesse psychique. Elles inscrivent immédiatement leur enfant dans leur généalogie, dans leur filiation. Quand ça ne se produit pas du tout, c'est un déni. Et l'inverse peut arriver, c'est ce que l'on nomme la grossesse nerveuse ; des femmes se présentent avec un ventre de sept mois, n'ont plus leurs règles, et pourtant leur utérus est vide. C'est principalement le cas dans les régions du monde où il n'y a pas de tests de grossesse ni d'échographies. Dans ces cas devenus rares, il n'y a qu'une grossesse psychique et pas de grossesse physique. Dans le déni de grossesse, il n'y a qu'une grossesse physique sans grossesse psychique. Une femme peut accoucher et commettre un néonaticide. Elle considère son fœtus comme une tumeur, pour elle ce n'est pas un bébé. Le déni de grossesse oblige à dire que l'instinct maternel n'existe pas, même si cela surprend, choque et contredit ce que la culture machiste a construit pendant des siècles. Que tant de médecins, y compris des gynécologues, y compris des sages-femmes, continuent à en parler comme de quelque chose de réel, cela inquiète les femmes qui ne sentent pas monter ce fameux « instinct ». Il est tellement plus simple de considérer qu'une femme doit comprendre les cris, les gestes, les réactions de son enfant parce qu'elle a un lien naturel avec lui... Mais c'est faux. Nos sociétés acceptent difficilement que la maternité soit un processus long, difficile, périlleux et parfois infaisable. Les mères sont assignées à leur rôle. Et cela peut donner lieu à des drames.

# 6

Le sujet des violences sexuelles est devenu capital même s'il n'est pas aisé de le traiter. À l'adolescence, les comportements dangereux apparaissent, l'influence de la pornographie renforce le machisme de certains garçons. Il faut de la prévention, de l'information et une explication de ce que la loi prévoit. Certains hommes deviennent violents pendant l'acte sexuel et dans leur vie de couple. Cette pathologie, car c'en est une, les médecins ne savent ni la soigner ni la guérir, et elle met la vie des femmes en danger. Ces mots simples et francs prononcés en classe interpellent les élèves. Les violences sexuelles n'ont rien à voir avec le sadomasochisme qu'ils connaissent tous grâce à la pornographie. Dans le SM, il y a du plaisir à faire mal ou à avoir mal, ces deux composantes sont librement acceptées par les partenaires; le « scénario » de ce qu'on va se faire l'un à l'autre est écrit au millimètre près et consenti. Dans la fantasmagorie du SM, il y a de la violence et de la douleur. Cela fait partie de la sexualité de certaines personnes. Ainsi, lorsqu'un homme ou une femme souhaite avoir des rapports violents cela ne peut se faire que si l'autre est d'accord. Revenons à ce qui m'intéresse ici : la violence qui n'est pas consentie librement. Que ce soit un chantage, des pratiques sexuelles, des gestes, tout ce qui est non consenti est hors de la norme, répréhensible et criminel. Rester avec un homme violent, c'est risquer de se retrouver dix ans plus tard dans la rue avec ses enfants pour les protéger de leur père. Quand ce n'est pas pire. Là, les filles écoutent attentivement. J'ajoute qu'elles vivent dans un pays où elles ont le droit de choisir leur compagnon. Choisir un homme qui a levé, même une seule fois, la main sur elles, c'est s'assurer que ça se reproduira malgré les dénégations. Précédant les gifles, il y a en général l'injure. Si l'on accepte de se faire traiter de conne, on acceptera le reste. Et avant les insultes, il y a les crises de jalousie. Déjà, là, attention danger. Accepter ces abus, c'est se mettre entre les mains de l'homme, c'est accepter de devenir sa propriété. Lui ne supportera pas d'être spolié de sa « chose ». « Mais je l'aime… » disent certaines. Je réponds : « Tant pis pour toi, ta vie est foutue. » La responsabilité de la prise de décision, de la rupture, repose encore une fois sur les épaules des femmes. C'est injuste, certes, mais c'est souvent une question de vie ou de mort. 150 femmes meurent chaque année en France sous les coups de leur compagnon ou de leur ex. C'est un fléau. Je ne sais pas ce qui fait qu'un homme devient violent. Il a parfois lui-même été victime de violences dans l'enfance. Malheureusement, les injonctions thérapeutiques n'ont pas d'effet. Un homme qui peut devenir violent reste dangereux. Et ces hommes, hélas, finissent toujours par récidiver. Même quand ils font de la prison. La seule manière de protéger les femmes est de les informer sur cette récidive inévitable. Il m'est arrivé de faire face à des réactions de petits caïds qui en classe lancent : « Si elle s'est mal comportée, c'est normal qu'on la frappe. » La culture machiste qui consiste à laisser les femmes en cuisine, encore bien trop répandue, diffère tout de même de la culture de la punition par la violence, bien plus dangereuse. Je ne sais pas pourquoi ce sont les hommes qui, dans l'immensité majorité des cas, sont les auteurs de ces violences. Je ne crois pas que ce soit une question d'éducation. Un garçon qui a été battu et abusé peut devenir dangereux, mais ce n'est pas toujours le cas. Il y a sans doute des explications à trouver dans la manière dont s'est construite la personnalité de l'homme, voire son cerveau. Certaines jeunes élèves vivent déjà des situations d'emprise. Il est utile de leur dire d'être vigilantes à ces histoires « d'amour » qui sortent des rails. Je pense malheureusement que pour avoir une chance de s'en sortir, il faut quitter très tôt ce type de relation. Une fois qu'il y a des enjeux familiaux, des enfants, un entourage, c'est beaucoup plus compliqué. J'essaie de schématiser, de simplifier, de ne pas entrer dans la complexité psychologique de la violence, pour être le plus didactique possible, le plus pédagogue. Le viol, c'est encore autre chose, c'est la volonté de dégrader. Ce crime survient parfois dans le contexte de violences conjugales, mais pas seulement. Je précise que le violeur est dans la plupart des cas quelqu'un que la victime connaît. Toute pénétration non consentie est un viol. Les élèves m'interrogent sur le GHB, cette drogue dite du violeur. Ils posent aussi des questions sur ce qui peut être qualifié de viol, soit un acte sexuel obtenu par la force, la contrainte, la menace ou la surprise. Une pénétration pendant le sommeil, est-ce un viol ? Oui. Une pénétration non consentie avec les doigts, est-ce un viol ? Oui. J'essaie sur ce sujet de susciter un maximum de questions pour que l'information soit la plus vaste possible.

Vient ensuite le sujet de l'inceste, tout aussi complexe. De nouveau, j'emploie des mots simples. Ni un père, ni un grand-père, ni un compagnon de la mère, ni un oncle, ni un frère, ni un moniteur de colo n'ont le droit de s'intéresser à un jeune de leur famille sur le plan sexuel. Quand ça se passe, ça constitue un crime. Silence dans les rangs. Ils ont souvent un copain ou une copine à qui c'est arrivé. L'inceste est le fait d'hommes, ou de femmes mais c'est plus rare, qui très souvent ont eux-mêmes été victimes de violences sexuelles dans leur enfance et qui les reproduisent. Il est difficile de protéger les enfants de ces criminels. Ce contre quoi on peut lutter, c'est le silence et le secret. Je leur raconte qu'un jour j'ai reçu une femme de 22 ans envoyée par le procureur de la République. Elle disait avoir été obligée de coucher avec son père de ses 8 à 14 ans. Sa mère était infirmière et quand elle était de garde, le père s'introduisait dans sa chambre pour la violer. Au début, la fille n'a pas compris ce qui se passait réellement. Il n'y avait pas de violence physique. Elle avait l'impression de remplacer sa mère en son absence, elle avait un secret avec son père et ça se passait « plutôt bien ». Puis elle s'est aperçue que ce qui se passait chez elle n'arrivait pas chez les autres. Cette histoire a commencé à l'obséder. Elle savait ce qui allait se produire quand sa mère était de garde. Ses résultats scolaires se sont dégradés, elle a été renvoyée de son lycée et inscrite dans un pensionnat à distance de son domicile : les relations cessent avec son père. Elle passe le bac, entre à l'université, rencontre un garçon, tombe amoureuse. Mais chaque fois qu'il veut la caresser, elle est incapable, elle refuse. Elle lui demande de la patience. Ils emménagent ensemble, rien ne change. Le garçon la questionne. Il l'encourage à aller voir un psy. Elle finit par lui raconter ce qui lui est arrivé. Il pense, à juste titre, que si la justice reconnaît ces viols et le statut de victime de sa compagne, elle ira mieux. Il la convainc de porter plainte contre son père. Ils vont ensemble à la gendarmerie. Le père est arrêté, interrogé, il nie. Le magistrat sait qu'elle ne ment pas, mais il n'y a pas de preuve. Alors il lui demande si elle a raconté l'histoire à une amie de l'époque. C'est le cas. Cette personne confirme… puis est mise en examen pour complicité de viol. Terrible. Car oui, elle était au courant à l'époque et n'a prévenu personne pour essayer de protéger son amie. Il y a donc des secrets interdits. La loi dit que toute personne ayant la connaissance de ce type de situation doit le révéler. Quand un ou une amie confie ce qui lui arrive, il faut en parler à un adulte, à un enseignant par exemple ou à l'infirmière scolaire. C'est à lui de gérer, ensuite. Après avoir tenu ce discours, il y a parfois des révélations d'inceste qui sont faites par l'un des élèves de la classe, après mon départ. Leur expliquer ainsi les choses, c'est se prémunir du secret qui permet à un pervers de continuer ses actes.

Rentrer dans le détail de ce que la loi prévoit, c'est les protéger des violeurs. Un jour, dans une école du Haut-Rhin, une professeure s'approche de moi après une intervention. Elle me dit qu'elle a 27 ans et qu'enfant son oncle la violait régulièrement. Elle va mal, elle ne parvient pas à construire sa vie. À l'époque la prescription n'était que de dix ans, il ne lui restait qu'un an avant de ne plus pouvoir porter plainte. Son oncle était un homme politique de la région. Elle me demande conseil : aller devant la justice ou non ? Je lui ai dit que je pensais qu'elle devait porter plainte. Là aussi, la seule preuve qu'elle pouvait apporter c'était le témoignage d'une copine à qui elle s'était confiée. Le jugement a eu lieu, l'oncle a été condamné et incarcéré.

Les dégâts du viol pendant l'enfance sont irréparables, selon moi. Les répercussions sont médicales : une somatisation, des maladies auto-immunes peuvent se déclarer, difficiles à soigner par les médecins. Il faut vacciner les jeunes contre le silence. Quitte à leur faire peur. Tu sais quelque chose et tu ne dis rien ? Ça peut te retomber dessus. Ces sujets, violences et inceste, les gênent mais ils écoutent, ils en comprennent la gravité. Parfois, l'une des élèves sort de la classe. Souvent une fille. J'essaie dans ces cas-là de m'entretenir avec elle, mais c'est souvent trop tard. On devrait informer nos enfants dès 4 ou 5 ans en leur expliquant les mêmes choses, avec des mots adaptés, « ne touche pas à mon corps, mon corps est à moi, tu ne me touches pas les fesses pour me laver, je vais le faire tout seul, etc. ». Ce manque de prévention entraîne une détérioration de la santé sexuelle générale puisque ces abus concernent, selon le Conseil de l'Europe, un enfant sur cinq. Les Hollandais évoquent ce sujet avec leurs enfants dès 4 ans. Et il y a trois fois moins d'incestes chez eux qu'en France. Pendant des siècles, ces abus étaient connus de tous et admis dans tous les milieux. Nous sommes un vieux pays d'inceste ; nous avons du mal à protéger les enfants contre cet acte dramatique et parfois définitif. Ne pas en parler, c'est rater l'occasion d'enrayer ces crimes.

# CONCLUSION

L'utilité de prendre la parole sur le thème de la sexualité devant des adolescents n'a d'égal que sa complexité. C'est un exercice difficile parce que les jeunes, dans notre pays, ne sont pas habitués à parler de sexualité avec des adultes. Il est particulièrement contre-productif de se présenter dans une classe sans avoir été préparé. Mieux vaut s'abstenir que de laisser des personnes insuffisamment formées en la matière intervenir en milieu scolaire et risquer de mêler à leur discours des a priori sexuels ou de fausses informations. Nous avons tardé, en France, à rassembler les ressources humaines nécessaires à l'application de la loi de 2002 qui prévoit des cours sur la vie affective et sexuelle durant toute la scolarité. L'enjeu est avant tout féministe. Quand les jeunes sont mal informés sur la vie affective et sexuelle, ce sont d'abord les femmes qui en payent le prix. Ce sont elles qui subissent les conséquences des grossesses non souhaitées et des violences suscitées par la pornographie. Ce sont elles qui peuvent être influencées, voire traumatisées, par des comportements liés aux poncifs du patriarcat, sans cesse renouvelés et consacrés par les religions. Inutile de légiférer contre le harcèlement des femmes dans la rue si l'on n'éduque pas préalablement les jeunes garçons à ce qu'est le consentement. Il est paradoxal de s'étonner que la violence entre les sexes et les genres ne faiblisse pas, quand la pornographie, source puissante de désinformation, tient lieu d'éducation. Les droits des femmes et l'égalité entre les sexes, espérés et promus par notre société, dépendent d'abord des cours donnés aux adolescents sur la sexualité, la vie sentimentale, le désir, les joies et les dangers qui en découlent. Cette éducation n'est pas facile à transmettre. Savoir tenir des propos qui tiennent compte de l'environnement culturel et sociologique des ados, tout en reflétant nos idéaux républicains, est un enjeu qui implique préparation et réflexion. Le savoir-faire en ce domaine s'acquiert par un apprentissage théorique mais aussi par un compagnonnage dans la pratique. On peut tout savoir sur le sexe et ne pas être capable d'aborder sainement la question devant des élèves. Le chemin sera long avant que notre pays ne se dote d'un arsenal éducatif digne d'un État moderne en matière d'information sur la sexualité. De nombreuses nations nous ont précédés en ce domaine. En France, il manque à ce sujet une véritable et courageuse détermination politique. Il y existe une hétérogénéité importante sur le territoire, avec, heureusement, dans de rares régions, des bonnes volontés et des associations dont l'objectif est de pallier l'absence d'efficience des gouvernants. Informer nos enfants, dépasser les déclarations de principe et les effets d'annonce, c'est s'assurer qu'on respecte les libertés individuelles et le droit de chacun à disposer de son corps, c'est affirmer la volonté d'une véritable émancipation des femmes de France.

*Remerciements*

Christophe Bataille pour l'idée, son enthousiasme et sa ténacité.

Pauline Delassus pour son accompagnement méticuleux et critique.

Brigitte Letombe pour ses conseils toujours frappés au coin du bon sens.

Cet ouvrage a été imprimé
par CPI Firmin-Didot
pour le compte des éditions Grasset
à Mesnil-sur-l'Estrée (Eure)
en février 2024

Mise en pages Maury-Imprimeur

PAPIER À BASE DE
FIBRES CERTIFIÉES

*Grasset* s'engage pour
l'environnement en réduisant
l'empreinte carbone de ses livres.
Celle de cet exemplaire est de :
300 g éq. $CO_2$
Rendez-vous sur
www.grasset-durable.fr

N° d'édition : 23171 – N° d'impression : 178998
Dépôt légal : février 2024
*Imprimé en France*